O Caminho Alpino

A HISTÓRIA DA
MINHA CARREIRA

LUCY MAUD MONTGOMERY

O Caminho Alpino

A HISTÓRIA DA MINHA CARREIRA

TRADUÇÃO: PATRICIA N. RASMUSSEN CHAVES

Principis

Esta é uma publicação Principis, selo exclusivo da Ciranda Cultural
© 2020 Ciranda Cultural Editora e Distribuidora Ltda.

Traduzido do original
The Alpine Path: The Story of My Career

Texto
Lucy Maud Montgomery

Tradução
Patricia N. Rasmussen Chaves

Preparação
Regiane Miyashiro

Produção editorial e projeto gráfico
Ciranda Cultural

Ilustrações
Olga Korneeva/Shutterstock.com
Tartila/Shutterstock.com

Dados Internacionais de Catalogação na Publicação (CIP) de acordo com ISBD

M787c   Montgomery, Lucy Maud

O caminho alpino: a história da minha carreira / Lucy Maud Montgomery ; traduzido por Patricia Rasmussen. - Jandira, SP : Principis, 2020.
96 p. ; 16cm x 23cm. – (Literatura Clássica Mundial)

Tradução de: The Alpine Path: The Story of My Career
Inclui índice.
ISBN: 978-65-5552-089-7

1. Autobiografia. I. Rasmussen, Patricia. II. Título. III. Série.

2020-1541   CDD 920
                                                                            CDU 929

Elaborado por Odilio Hilario Moreira Junior - CRB-8/9949

Índice para catálogo sistemático:
1. Autobiografia 920
2. Autobiografia 929

1ª edição em 2020
www.cirandacultural.com.br
Todos os direitos reservados.
Nenhuma parte desta publicação pode ser reproduzida, arquivada em sistema de busca ou transmitida por qualquer meio, seja ele eletrônico, fotocópia, gravação ou outros, sem prévia autorização do detentor dos direitos, e não pode circular encadernada ou encapada de maneira distinta daquela em que foi publicada, ou sem que as mesmas condições sejam impostas aos compradores subsequentes.

SUMÁRIO

Apresentação 7
Capítulo 1 8
Capítulo 2 16
Capítulo 3 23
Capítulo 4 34
Capítulo 5 43
Capítulo 6 50
Capítulo 7 61
Capítulo 8 69
Capítulo 9 78
Capítulo 10 87

APRESENTAÇÃO

Considerado o melhor e mais preciso relato da infância e dos primeiros anos de Lucy Maud Montgomery como escritora, *O Caminho Alpino – A História da Minha Carreira* é muito mais que uma autobiografia. É a história de vida da criadora de *Anne de Green Gables* e de muitas outras histórias infantojuvenis que encantaram crianças e adolescentes no início do século XX.

Com delicadeza, sensibilidade, humor e detalhes encantadores, Lucy narra suas aventuras de infância na Ilha do Príncipe Edward nos últimos anos do século XIX, conta como os lugares e pessoas que conheceu se tornaram inspiração para muitos cenários e personagens de seus livros e descreve a longa e árdua jornada para tornar-se uma escritora renomada.

A rejeição inicial por muitos editores do manuscrito de seu livro *Anne de Green Gables* não desencorajou Lucy de perseguir seu objetivo de vir a ser uma escritora reconhecida. Todo mundo que gosta das histórias da personagem Anne ficará fascinado com este adorável livro de memórias publicado pela primeira vez em 1917, em plena Primeira Guerra Mundial.

Patricia N. Rasmussen Chaves

CAPÍTULO 1

Quando a editora da revista *Everywoman's World* me pediu para escrever "A História da Minha Carreira", eu sorri, meio incrédula, meio alegre. Minha carreira? Eu *tinha* uma carreira? Uma carreira não seria... não deveria ser... algo esplêndido, maravilhoso, no mínimo espetacular, uma coisa movimentada e excitante? Será que a minha árdua escalada ao longo de tantos anos monótonos e sem grandes acontecimentos podia ser considerada uma "carreira"? Nunca havia me ocorrido chamar assim a minha trajetória; e, num primeiro momento, não me pareceu que houvesse muita coisa a ser dita sobre essa minha tediosa batalha. Mas a editora parecia fazer questão que eu contasse o pouco que havia para ser contado; e, durante aqueles mesmos longos anos, eu adquiri o hábito de ceder aos caprichos dos editores, de tal maneira que nunca consegui contrariá-los. Por isso, contarei com muita alegria a minha pacata história. Se não servir para outra coisa, poderá ao menos encorajar alguém que esteja lutando para seguir a trilha exaustiva que percorri em direção ao sucesso.

Há muitos anos, quando eu ainda era criança, recortei de uma revista um poema intitulado "Para a Genciana de Franja" e colei no canto da pasta onde guardava minhas cartas e redações escolares. Toda vez que abria a pasta, eu lia uma estrofe, que era o mote de todos os meus objetivos e ambições:

> "Então sussurra, floresce, em teu sono
> Como posso escalar
> O caminho alpino, tão difícil, tão íngreme,
> Que leva a alturas sublimes;
> Como posso alcançar esse objetivo distante
> De verdadeira e honrada fama,
> E escrever em seu pergaminho brilhante
> O nome humilde de uma mulher."

É de fato um caminho "difícil e íngreme"; e se uma única palavra que eu escrever puder ajudar ou encorajar outro peregrino ao longo desse caminho, eu, de bom grado, a escreverei.

Nasci no pequeno vilarejo de Clifton, Ilha do Príncipe Edward. "A Velha Ilha do Príncipe Edward[1]" é um bom lugar para nascer, um bom lugar para viver a infância. Não consigo pensar em outro lugar melhor. Nós, nativos da Ilha do Príncipe Edward, somos um povo leal. No fundo de nossa alma, acreditamos que não existe um lugar como a pequena província onde nascemos. Podemos até suspeitar que não seja exatamente *perfeita*, não mais do que qualquer outro local do planeta, mas você não nos verá admitindo isso. E como ficamos enfurecidos se alguém fala mal do nosso lugar! A única maneira de induzir um ilhéu de Príncipe Edward a fazer uma crítica à sua amada província é elogiá-la

---

[1] A Ilha do Príncipe Edward (em inglês: Prince Edward Island; em francês: Île-du-Prince--Édouard) é uma província canadense e uma das três províncias marítimas. É a menor província do Canadá, tanto em área quanto em população, mas é a mais densamente povoada. Parte das terras tradicionais dos povos mi'kmaq tornou-se uma colônia britânica em 1700 e foi adicionada ao Canadá como uma província em 1873, tornando-se a província da Ilha do Príncipe Edward. Sua capital é Charlottetown. (N.T.)

exageradamente. Nesse caso, para evitar a ira dos deuses e disfarçar seu próprio orgulho, ele poderá, talvez, ser levado a observar que há uma ou outra desvantagem – coisas insignificantes. Mas você não pode cometer o pecado imperdoável de concordar com ele!

Enfim, a Ilha do Príncipe Edward é realmente uma linda província, o lugar mais bonito da América, creio eu. Podem existir paisagens mais exuberantes e grandiosas, mas, em termos de pura e simples beleza repousante, ela é insuperável. "Rodeada pelo mar inviolável", ela flutua nas ondas do golfo azul, um retiro verdejante e "reduto de paz antiga".

Grande parte da beleza da ilha se deve aos vívidos contrastes de cores: o vermelho rico das estradas sinuosas, o esmeralda brilhante das encostas e pradarias, o safira cintilante do mar ao redor. É o mar que faz da Ilha do Príncipe Edward mais do que um simples ponto geográfico. Não há como ignorar o mar. Com exceção de um ou outro ponto no interior da ilha, ele é sempre visível, nem que seja apenas uma faixa estreita entre as colinas distantes, ou um brilho turquesa através dos ramos escuros de abeto debruando um estuário. Nosso amor pela ilha é imenso; seu cheiro penetra no nosso sangue, sua chamada de sirene ressoa nos nossos ouvidos; e, não importa quão distantes estejamos de lá, o murmúrio das ondas sempre nos chama de volta, em nossos sonhos, à nossa terra natal. Por poucas coisas eu sou mais grata do que pelo fato de ter nascido e sido criada ao lado do golfo de St. Lawrence.

E, no entanto, não podemos definir o encanto da Ilha do Príncipe Edward em termos de terra ou mar. É muito ilusório, muito sutil. Algumas vezes penso que seja o toque de austeridade da paisagem de uma ilha que lhe concede seu charme peculiar. E de onde vem a austeridade? Será que está nos pontos escuros dos abetos? Nos vislumbres do mar e dos rios? Na fragrância estimulante do ar salgado? Ou será que é algo mais profundo, que faz parte da própria alma da ilha? Pois as terras têm personalidade, assim como os seres humanos; e para conhecer essa personalidade, é preciso viver na terra, vivenciar e sentir sua essência, extrair dela o sustento do corpo e do espírito; somente assim é possível realmente conhecer um lugar.

Meu pai era Hugh John Montgomery, seu nome foi escolhido em homenagem ao bisavô; minha mãe era Clara Woolner Macneill. Portanto, sou de descendência escocesa, com uma veia inglesa de alguns avós e bisavós. Havia muitas tradições e histórias dos dois lados da família, as quais, quando criança, eu escutava encantada os mais velhos contarem diante da lareira. O romance estava no meu sangue; eu achava fascinante a aventura que havia trazido para o Ocidente os meus antepassados do Velho Mundo – uma terra à qual sempre ouvi minha família se referir como "nossa casa", mesmo os pais e mães deles já tendo sido nascidos e criados no Canadá.

O bisavô de meu pai, Hugh Montgomery, veio para o Canadá da Escócia. Ele viajou em um navio com destino a Quebec, mas o destino e a determinação de uma mulher deram uma mãozinha. Sua esposa teve fortes enjoos durante toda a viagem e, naquele tempo, a travessia do Atlântico não era feita em cinco dias. Ao largo da costa norte da Ilha do Príncipe Edward, na época uma terra inóspita e coberta de vegetação, com uma ou outra construção aqui e ali, o capitão lançou âncora para reabastecer o suprimento de água do navio. Ele enviou um bote até a praia e sugeriu à combalida sra. Montgomery que ela fosse também, para espairecer um pouco fora do navio. A sra. Montgomery concordou prontamente, e no momento em que pisou na areia seca e sentiu aquela terra firme e abençoada sob seus pés, ela disse ao marido que pretendia ficar ali, que nunca mais na vida entraria em um navio. Diálogo, argumentos, súplicas, nada teve efeito para persuadir aquela senhora do contrário. Ali ela estava decidida a permanecer, e ali, por força das circunstâncias, o marido teve de ficar também. E foi assim que os Montgomery se estabeleceram na Ilha do Príncipe Edward.

O filho deles, Donald, meu bisavô, foi o herói de um outro romance daqueles tempos. Eu usei a história no meu livro *The Story Girl*[2]. As personagens Nancy e Betty Sherman eram Nancy e Betsy Penman, filhas de um legalista do Império Unido que tinha vindo dos Estados Unidos no final da Guerra da Independência. George Penman havia sido tesoureiro do exército britânico; com todos os seus bens tendo sido confiscados, ele era muito pobre, mas a beleza das meninas Penman, especialmente Nancy, era tanta que não lhes faltavam pretendentes, nem de perto nem de longe. O Donald Fraser de *The Story Girl* era Donald Montgomery, e Neil Campbell era David Murray, de Bedeque. O único floreio que eu me permiti fazer na história foi dar a Donald um cavalo e uma charrete. Na realidade, o que ele tinha era um novilho alquebrado, atrelado a um velho trenó rústico de madeira, e foi com este romântico equipamento que ele se dirigiu até Richmond Bay para pedir Nancy em casamento!

Meu avô, o senador Montgomery, era filho de Donald e Nancy, e herdou a presença imponente e o rosto bonito de sua mãe. Ele se casou com sua prima de primeiro grau Annie Murray, de Bedeque, filha de David e Betsy. Portanto, Nancy e Betsy são minhas bisavós. Se Betsy fosse viva hoje, não tenho dúvida de que seria uma sufragista ardorosa. A mais avançada das feministas dificilmente poderia desprezar com mais eficiência as antigas convenções do que ela quando pediu David em casamento. Acrescento aqui que sempre me contaram que ela e David foram o casal mais feliz do mundo.

Foi da família da minha mãe, os Macneill, que herdei a habilidade para escrever e meus gostos literários. John Macneill veio para a Ilha do Príncipe Edward em 1775; sua família era de Argyleshire e eram adeptos dos desventurados Stuart. Consequentemente, o jovem Macneill achou que uma mudança de clima poderia ser benéfica. Ele era primo de Hector Macneill, um poeta escocês de segundo escalão, autor de

---

2 "A garota das histórias", em tradução livre. (N.E.)

vários versos bonitos e conhecidos, entre eles "Vi você, minha pequena, vi você, coisinha minha", "Nunca amei outra moçoila, senão uma" e "Vem sob a minha manta"; este último muitas vezes erroneamente atribuído a Burns.

John Macneill se estabeleceu numa fazenda na costa norte, em Cavendish, e teve uma família de doze filhos, sendo o mais velho William Macneill, meu bisavô, mais conhecido como "O Orador Macneill". Era um homem muito inteligente, com alto nível de instrução para a época, e exerceu ampla influência na política provincial. Casou-se com Eliza Townsend, cujo pai era o capitão John Townsend da marinha britânica. O pai dele, James Townsend, havia recebido de George III uma concessão de terras na Ilha do Príncipe Edward, que ele chamou de Park Corner, o nome da antiga propriedade da família na Inglaterra. De lá ele veio e trouxe a esposa, que sofria de uma profunda e dolorosa saudade de casa, a ponto de se comportar com rebeldia. Durante semanas, ela se recusou a tirar a touca da cabeça, usando-a o tempo todo enquanto andava pela casa, exigindo imperiosamente ser levada de volta. Nós, crianças, que ouvíamos a história, não cansávamos de especular se ela tirava a touca à noite e a colocava novamente de manhã, ou se dormia com ela. Contudo, não foi possível retornar para casa, e assim ela acabou tirando a touca e se resignou à sua sina. Ela descansa em paz na pequena e antiga sepultura da família às margens do "Lago de Águas Cintilantes"; em outras palavras, a Lagoa Campbell em Park Corner. Uma velha lápide de arenito vermelho marca o local onde ela e o marido jazem, e nela está inscrito o epitáfio recoberto de musgo, um dos epitáfios difusos de uma geração que tinha tempo para entalhá-los e para lê-los.

"Em memória de James Townsend, de Park Corner, Ilha do Príncipe Edward. E de Elizabeth, sua esposa, emigrados da Inglaterra para esta ilha no ano de 1775 d.C., com dois filhos e três filhas, a saber, John, James, Eliza, Rachel e Mary. O filho John faleceu em Antígua, antes de seus pais. Sua pesarosa mãe o seguiu para a Eternidade com paciente resignação no décimo sétimo dia de abril de 1795, aos 69 anos de idade. E o desolado marido partiu desta vida no vigésimo quinto dia de dezembro de 1806, aos 87 anos de idade."

Eu me pergunto se a saudade de casa assombra o sono de mais de cem anos de Elizabeth Townsend!

William e Eliza Macneill tiveram uma família numerosa, na qual todos os membros possuíam acentuada capacidade intelectual. Sua educação consistiu apenas em aulas escassas e ocasionais da escola distrital daqueles dias rústicos e primitivos, mas se as circunstâncias tivessem sido mais propícias, alguns deles teriam subido alto. Meu avô, Alexander Macneill, era um homem de gostos literários puros e sólidos, com um considerável talento para a composição de prosa. Meu tio-avô, William Macneill, escrevia versos satíricos excelentes. Já seu irmão mais velho, James Macneill, era um poeta nato. Compôs centenas de poemas que, às vezes, recitava para pessoas especialmente escolhidas. Eles nunca foram escritos, e nenhuma única linha, até onde eu sei, existe hoje. Mas ouvi meu avô repetir muitos deles, e eram verdadeira poesia, a maior parte sátiras ou heroísmo cômico. Eram espirituosos, mordazes e dramáticos. Tio James era uma espécie de Burns "mudo e inglório". As circunstâncias o obrigaram a passar a vida em uma fazenda remota na Ilha do Príncipe Edward; se tivesse tido as oportunidades de estudo que hoje estão ao alcance de qualquer estudante, tenho certeza de que ele não seria nem mudo nem inglório.

A "Tia Mary Lawson", a quem dediquei *The Story Girl*, era outra filha de William e Eliza Macneill. Uma história da minha "carreira" não seria completa sem um tributo a ela, pois essa tia foi uma das influências determinantes na minha infância. Ela foi uma das mulheres mais maravilhosas que conheci, em vários aspectos. Nunca teve grandes oportunidades de estudo, mas possuía uma mente naturalmente perspicaz, uma inteligência aguçada e uma memória notável, que reteve até o dia de sua morte tudo o que ela leu, viu e ouviu. Tia Mary tinha uma conversa encantadora, brilhante, e era uma alegria quando ela começava a contar as histórias e lembranças da juventude, e todas as façanhas e casos do povo daquela época na província. Éramos "parceiras", ela e eu, quando ela estava com seus setenta e tantos anos e eu era adolescente. Não tenho palavras para expressar a dívida de gratidão que tenho com tia Mary Lawson.

Eu tinha 21 meses quando minha mãe faleceu, na velha casa de Cavendish, depois de uma longa enfermidade. Lembro-me nitidamente da imagem dela no caixão; é a lembrança mais antiga que tenho. Meu pai estava ao lado do esquife, comigo no colo. Eu estava usando um vestidinho branco de musselina, bordado, e papai chorava. Havia algumas mulheres sentadas na sala, e me lembro especialmente de duas delas, sentadas no sofá na minha frente, sussurrando uma para a outra e olhando para mim e meu pai cheias de pena. Atrás delas, a janela estava aberta, e havia uma trepadeira que atravessava de um lado a outro, as sombras das folhas dançando no piso, num quadrado de luz do sol.

Eu olhei para o rosto sem vida de minha mãe. Ela possuía um semblante doce, apesar de abatido e castigado pelos meses de sofrimento. Minha mãe era bonita, e a morte, tão cruel em tudo o mais, havia poupado os traços delicados, os cílios longos tocando as faces encovadas e as mechas sedosas do cabelo castanho-dourado.

Eu não sentia tristeza, pois não entendia o que aquilo tudo significava. Estava apenas levemente incomodada. Por que mamãe estava tão imóvel? E por que papai estava chorando? Estendi a mão e toquei o rosto dela. Até hoje ainda posso sentir a pele fria sob meus dedos de bebê. Alguém na sala soluçou e disse "Pobre criança...". O rosto frio da mamãe me assustou; me virei e passei os braços pelo pescoço do papai, e ele me beijou. Confortada, olhei novamente para a face pálida e serena, enquanto ele se afastava me levando nos braços. Essa lembrança preciosa é tudo o que tenho da jovem e doce mãe que repousa no antigo cemitério de Cavendish, embalada para sempre pelo murmúrio do mar.

CAPÍTULO 2

Fui criada por meus avós na antiga propriedade da família Macneill em Cavendish. Cavendish é um assentamento agrícola na costa norte da Ilha do Príncipe Edward. Ficava a 18 quilômetros de distância de uma ferrovia e a quase 40 quilômetros da cidade mais próxima. Começou a ser povoado em 1700 por três famílias escocesas: os Macneill, os Simpson e os Clark. Estas famílias eram tão unidas por casamentos entre seus membros que era necessário ser nascido ou criado em Cavendish para saber se era seguro ou não criticar alguém. Certa vez, escutei tia Mary Lawson admitir, ingenuamente, que "os Macneill e os Simpson se consideravam um pouco superiores às pessoas comuns"; e havia um ditado corrente um tanto desagradável sobre nós, por parte dos forasteiros: "Deus nos livre do esnobismo dos Simpson, da soberba dos Macneill e da presunção dos Clark". Quaisquer que fossem seus defeitos, no entanto, eram pessoas leais, íntegras, tementes a Deus, que haviam herdado tradições de fé, simplicidade e aspirações.

Passei a infância e a adolescência em uma casa de fazenda em Cavendish, rodeada por macieiras. Os primeiros seis anos da minha vida são nebulosos na minha memória. Uma ou outra lembrança se destaca em cores mais vívidas. Uma delas é o momento exato em que eu pensei, envolta em uma nuvem de ternura, ter descoberto a exata localização do Céu.

Era um domingo, eu não devia ter mais de 4 anos e estava na antiga Igreja de Clifton com tia Emily. Ouvi o pastor dizer alguma coisa sobre o Céu, aquele lugar estranho e misterioso que eu apenas sabia que era para "onde mamãe tinha ido".

– Onde é o Céu? – perguntei baixinho para tia Emily, apesar de saber que sussurrar na igreja era um pecado imperdoável.

Tia Emily não se abalou. Muito séria, apontou para cima em silêncio. Com a credulidade literal e implícita da infância, eu deduzi que aquilo significava a parte da igreja que ficava acima do teto. Havia uma pequena abertura quadrada no teto. Por que não podíamos subir lá e ver minha mãe? Esse era um grande enigma para mim. Eu decidi que, quando crescesse, iria ali e encontraria um meio de entrar no Céu e encontrar mamãe. Esta convicção foi um grande conforto para mim, embora secreto, durante anos. O Céu não era um lugar remoto e inatingível, "uma praia brilhante mas longínqua". Não, não! Ficava a apenas 15 quilômetros de distância, no sótão da Igreja de Clifton! Foi com profunda tristeza que eu, por fim, acabei renunciando a essa crença.

Thomas Hood escreveu, em seu encantador poema *I Remember*[3], que ele estava muito mais longe do Céu do que quando era menino. Para mim também o mundo parecia um lugar mais frio e solitário depois que a idade e a experiência forçaram minha relutante consciência de menina de 7 anos a abandonar a crença de que o Céu não estava tão perto de mim como eu acreditava. Talvez estivesse até mais perto, "mais perto que a respiração, mais perto que as mãos, que os pés"[4], mas

---

3 "Eu me lembro", em tradução livre. (N.E.)
4 Citação do poeta inglês Alfred Tennyson, referindo-se a Deus. (N.T.)

na visão de uma criança as coisas são muito concretas; e uma vez que aceitei o fato de que os portões de pérolas e as ruas de ouro não estavam no sótão da Igreja de Clifton, senti então que poderiam estar além da estrela mais distante.

Muitas dessas lembranças da infância estão relacionadas às visitas à fazenda do meu avô Montgomery em Park Corner. Ele e sua família moravam na "casa antiga", um lugar pitoresco, encantador, e me lembro que era cheio de armários, cantinhos, pequenos e imprevisíveis lances de escadas e desníveis. Foi lá que, quando eu estava com cerca de 5 anos, tive a única doença séria da minha vida: um ataque de febre tifoide.

Na véspera do dia em que fiquei doente, à noite, eu estava na cozinha com as criadas, sentindo-me bem como sempre, "desperta e cheia de energia", como a velha cozinheira costumava dizer. Estava sentada diante do fogão, e a cozinheira cutucava o fogo com uma barra de ferro comprida usada para esse fim. Ela colocou a barra sobre a pedra e no mesmo instante eu a peguei, com a intenção de também cutucar o fogo, uma ocupação que eu gostava, pois adorava ver as brasas vermelhas caindo sobre as cinzas escuras.

Infelizmente, eu segurei a barra na extremidade errada! Tive uma queimadura muito séria, e esta foi a minha estreia no mundo da dor física, pelo menos é a primeira de que tenho lembrança.

Foi horrivelmente doloroso, e chorei muito; por outro lado, senti certa satisfação com a comoção que causei. Por algum tempo, fui o centro das atenções, me senti importante. Meu avô repreendeu a pobre cozinheira pela distração. Meu pai suplicou que alguém fizesse alguma coisa, a casa ficou movimentada com o alvoroço de todos sugerindo soluções e aplicando uma série de remédios e pomadas. Por fim, chorei até cair no sono, com a mão e o braço mergulhados até o cotovelo em um balde de água fria, a única coisa que aliviava um pouco a dor.

Acordei na manhã seguinte com uma dor de cabeça violenta que piorou à medida que o dia avançava. Alguns dias depois, o médico disse que eu estava com febre tifoide. Não sei por quanto tempo fiquei doente, mas sei que fiquei muito mal, e que ninguém acreditava que fosse possível eu me recuperar.

Minha avó Macneill foi chamada logo que adoeci. Fiquei tão contente de vê-la que a alegria fez minha febre subir de maneira alarmante. Então, ela se afastou e meu pai, querendo me acalmar, me disse que ela havia voltado para a casa dela. A intenção dele foi boa, mas a declaração foi infeliz. Acreditei piamente – piamente mesmo. Quando vovó voltou, eu não me convenci de que era ela. Não! Ela *tinha* ido para casa. Portanto, aquela devia ser a sra. Murphy, uma mulher que trabalhava de vez em quando na casa de meu avô e que era alta e magra, como minha avó.

Eu não gostava da sra. Murphy e me recusei veementemente a tê-la perto de mim. Nada me convencia de que ela era minha avó. Minha teimosia foi considerada um delírio por causa da febre alta, mas não acho que tenha sido. Eu estava consciente. Foi mais a forte impressão que ficou para mim, no estado frágil em que me encontrava, por causa do que meu pai dissera. Meu raciocínio era de que vovó *tinha* ido embora para a casa dela, portanto, ela *não* poderia estar ali. E, *portanto*, aquela mulher que se parecia com ela só podia ser outra pessoa.

Foi somente depois que eu já conseguia ficar sentada que superei essa ilusão. Certa noite, simplesmente me dei conta de que era mesmo minha avó. Fiquei tão feliz que não saí mais do colo dela. Não parava de acariciar seu rosto e de dizer, encantada:

– Você *não* é a sra. Murphy, afinal... você é a vovó!

Naquele tempo, os pacientes de febre tifoide não eram submetidos a uma dieta tão rígida durante a convalescença como agora. Lembro-me de um dia, bem antes de ainda conseguir me sentar e pouco depois que a febre finalmente havia cedido, que o meu jantar consistiu em linguiças fritas; linguiças caseiras boas, temperadas, apimentadas, do tipo que não se encontra mais nos dias de hoje. Foi o primeiro dia em que senti fome, e comi vorazmente. É claro que, por todas as regras e probabilidades, essas linguiças deveriam ter me matado, interrompendo, antes mesmo de começar, a "carreira" sobre a qual estou escrevendo. Mas isso não aconteceu. Coisas do destino... Tenho certeza de que nada menos que o destino me poupou das consequências de comer aquelas linguiças.

Dois incidentes do verão seguinte se destacam em minhas lembranças, provavelmente porque foram tão profunda e compreensivelmente amargos. Certo dia, ouvi vovó lendo no jornal uma matéria de que o fim do mundo seria no domingo seguinte. Naquela época, eu tinha absoluta confiança em tudo o que estivesse "impresso". Qualquer coisa que estivesse em um jornal só podia ser verdade. Lamento dizer que perdi essa fé tão comovente, e a vida ficou mais pobre sem as emoções de deleite e horror.

Do momento em que escutei aquela previsão apavorante até o dia de domingo terminar, eu vivi em um estado de agonia e terror. Os adultos riam de mim e se recusavam a levar a sério as minhas perguntas. O fato é que eu tinha quase tanto medo de ser ridicularizada quanto do dia do Juízo Final. Mas durante o sábado inteiro antes do domingo fatídico, eu quase tirei tia Emily do sério de tantas vezes que perguntei a ela se deveríamos ir à escola dominical no dia seguinte. Sua resposta segura de que era claro que deveríamos ir foi um conforto considerável para mim. Se ela realmente achava que haveria escola dominical, era porque ela não acreditava que o mundo iria acabar.

Mas... estava *escrito*! Aquela noite foi de uma angústia intensa. Dormir estava fora de questão. Será que eu ouviria "a última trombeta" a qualquer momento? Hoje eu dou risada, qualquer um daria. Mas foi uma verdadeira tortura para uma criança crédula, tão real quanto qualquer agonia mental em torno da vida após a morte.

O domingo foi ainda mais interminável do que normalmente eram todos os domingos. No entanto, o dia chegou ao fim, e quando o sol poente tingiu de púrpura o horizonte sobre o golfo, eu dei um longo suspiro de alívio. O lindo mundo verde, florido e ensolarado não estava extinto; iria durar ainda algum tempo. Mas nunca me esqueci do sofrimento daquele domingo.

Muitos anos depois, usei o incidente como base para o capítulo "O Domingo do Juízo Final" em *The Story Girl*. Só que as crianças de King Orchard tinham a companhia umas das outras. Eu havia passado por aquilo sozinha.

O outro incidente foi bem mais tolo. O "Martin Forbes" de *The Story Girl* foi inspirado em um senhor que se hospedou por uma semana na casa de meu avô. O nome dele obviamente não era Forbes. Era um homem de meia-idade que acredito fosse um cavalheiro amável, respeitoso e respeitado. Mas ele provocou meu ódio eterno me chamando de "Johnny" toda vez que falava comigo.

Como eu o detestava! Para mim, aquilo era um insulto mortal e imperdoável, mas aparentemente ele se divertia em me irritar e isso fez com que ele não parasse de me chamar por aquele nome abominável. Minha vontade era ter o poder de fazer picadinho daquele homem! Quando foi embora, eu me recusei a dar a mão para ele. Ele deu uma gargalhada e disse:

– Bem, não vou mais chamar você de "Johnny". Daqui por diante, vou chamar você de "Sammy" – o que, é claro, foi o mesmo que jogar combustível no fogo.

Durante anos, eu não podia ouvir o nome dele sem sentir uma onda de fúria. Cinco anos depois, quando eu estava com 10, lembro-me de escrever no meu diário: "O sr. James Forbes morreu. Ele é irmão de um homem horrível de Summerside que me chamava de 'Johnny'."

Nunca mais voltei a ver o pobre sr. Forbes e, portanto, não tive de suportar a indiginidade de ser chamada de "Sammy". Hoje ele já é falecido, e devo dizer que o fato de me chamar de "Johnny" nunca pesou contra ele. É possível que ele tenha cometido pecados bem mais graves, que ainda assim não causariam a ninguém nem a décima parte da humilhação que aquela provocação infligiu à cabecinha sensível de uma criança.

Essa experiência pelo menos me ensinou uma lição: eu nunca provoco uma criança. Se eu tivesse algum impulso de fazer isso, certamente me deteria pela ainda aguda reminiscência do que sofri com a brincadeira sem graça do sr. Forbes. Para ele, era apenas a "diversão" de provocar uma criança "melindrosa". Para mim, era o veneno de uma víbora.

CAPÍTULO 3

No verão seguinte, com 6 anos, comecei a ir para a escola. A escola de Cavendish era uma construção de paredes brancas e telhado baixo; ficava num recuo da rua, bem ao lado da nossa casa. Para o oeste e para o sul, havia uma mata de abetos, que cobria a encosta de uma colina. Esse velho arvoredo, salpicado com o vermelho dos bordos, era um reino de fadas de beleza e romance para a minha imaginação de criança. Sempre serei grata por minha escola ficar perto de um bosque, um lugar com caminhos sinuosos, samambaias exuberantes, musgos e flores silvestres que eram um verdadeiro tesouro. Foi uma influência educativa mais forte e melhor na minha vida do que as lições aprendidas em sala de aula.

Havia também um riacho, um riacho delicioso, com uma nascente abundante, profunda e cristalina, onde buscávamos água com baldes e onde havia uma infinidade de piscinas e recantos nos quais os alunos enchiam suas garrafas de leite para se refrescarem até a hora do almoço. Cada criança tinha seu lugarzinho particular, e ai do menino ou menina que não respeitasse isso! Eu, infelizmente, não tinha direito ao riacho.

Não era para mim a alegria de correr pela trilha sinuosa que cortava a floresta, antes da aula, para apoiar minha garrafa em um tronco recoberto de musgo e deixar que a água rica e transparente ondulasse para dentro dela, refletindo os raios de sol.

Eu tinha de ir almoçar em casa todos os dias, uma vantagem pela qual eu não era nem um pouco grata. Claro que hoje eu compreendo ser um privilégio ter todos os dias uma boa refeição em casa, bem preparada e quentinha, mas não via por esse lado naquela época. Não era tão interessante quanto levar o almoço para a escola e comer junto com os colegas, em círculos no pátio ou em grupos sob as árvores. Eu ficava feliz naqueles dias frios e tempestuosos de inverno rigoroso, quando tinha de levar meu almoço para não enfrentar o mau tempo. Sentia-me "parte da turma", e não diferente dos demais e isolada por causa de uma situação que poderia ser considerada vantajosa.

Outra coisa que me incomodava bastante era o fato de eu nunca poder ir para a escola descalça. Todas as outras crianças iam descalças e, para mim, essa era uma diferença humilhante. Em casa, eu podia andar descalça à vontade, mas para ir à escola tinha de usar "botas abotoadas". Não faz muito tempo que uma das minhas colegas de escola confessou que sempre teve inveja de mim por causa daquelas "lindas botas abotoadas". É da natureza humana sempre desejar o que não tem! Ela, e provavelmente outras colegas, achando que o auge da bem-aventurança era usar aquelas botas, e eu contrariada por ter de usá-las e querendo ir para a escola sem sapatos!

Acredito que a maioria dos adultos não tenha a real noção dos tormentos que crianças sensíveis sofrem com qualquer diferença marcante entre elas e os demais habitantes de seu pequeno mundo. Lembro-me de um inverno em que me mandaram para a escola com um modelo novo de avental. Até hoje, ainda acho que era feio; na época, eu achava horrendo. Era uma espécie de saco, comprido, com *mangas*. As mangas eram a coroação da indignidade! Ninguém na escola usava avental com mangas, e uma das meninas comentou, zombeteira, que eu usava *roupa de bebê*. Isso foi a última joia da coroa! Eu não suportava usar aqueles aventais, mas era obrigada. A humilhação nunca se amenizou. Enquanto duraram, e eles duraram além das minhas expectativas mais tenebrosas, aqueles aventais "de bebê" marcaram para mim o limite extremo da resistência humana.

Não tenho uma lembrança específica do meu primeiro dia na escola. Tia Emily me levou até lá e me entregou aos cuidados das "meninas grandes", com quem me sentei naquele dia. Mas o segundo dia... ah! Desse não me esquecerei enquanto viver. Cheguei atrasada e tive de entrar sozinha. Muito timidamente, entrei e me sentei ao lado de uma "menina grande". No mesmo instante, uma onda de risadas ecoou na sala. *Eu tinha entrado com o chapéu na cabeça.*

Ainda agora, enquanto escrevo, sinto-me devastada pela profunda vergonha e humilhação que experimentei naquele dia. Percebi que era um alvo para o ridículo do Universo. Nunca, tive certeza, eu seria capaz de superar aquele erro terrível. Esgueirei-me para fora da sala para tirar o chapéu, sentindo-me um farrapo humano.

As "meninas grandes" (elas tinham 10 anos e pareciam moças para mim) logo deixaram de ser novidade, e comecei a me aproximar das crianças do meu tamanho. Nossas atividades consistiam em fazer somas, estudar tabuada, escrever cópias, ler lições e repetir a ortografia. Eu já sabia ler e escrever quando fui para a escola. Deve ter havido um momento em que aprendi, como um primeiro passo para um mundo encantado, que A era A; mas por tudo que me lembro, posso ter nascido com a capacidade de ler, tanto quanto de respirar e comer.

Eu estava no segundo livro da série *Royal Reader*. Havia feito a cartilha em casa, já conhecia o "b-a-ba", então fui direto para o Segundo Livro, pulando o Primeiro Livro. Quando fui para a escola e descobri que existia um Primeiro Livro, fiquei bastante triste ao saber que não o havia lido. Tinha a sensação de ter perdido alguma coisa, de ter sido privada de algo que, no meu entendimento, era importante. Até hoje tenho um sentimento de pesar e frustração por ter perdido aquele Primeiro Livro.

A partir dos meus 7 anos, a vida está mais distinta na minha memória. No inverno seguinte ao meu sétimo aniversário, tia Emily se casou e foi embora. Lembro-me do casamento dela como um evento excitante, bem como dos misteriosos preparativos nas semanas anteriores; assados, resfriamento de bebidas, decoração de bolos, tudo isso! Tia Emily era muito jovem, mas, aos meus olhos, ela era da idade dos outros adultos. Eu ainda não tinha noção de idade; para mim, ou a pessoa era adulta ou era criança.

O casamento foi bastante tradicional, como não se vê mais hoje em dia. Todos os familiares de ambos os lados estavam presentes, a cerimônia ocorreu às 7 horas, logo em seguida foi servido um jantar, depois houve danças e jogos, e, por fim, outra grandiosa ceia à uma hora da manhã.

Pela primeira vez, tive permissão para ficar acordada, provavelmente porque não havia onde eu pudesse dormir, já que todos os cômodos estavam sendo usados para algum propósito relacionado ao evento de gala, e, no meio de toda essa empolgação e azáfama, acabei ficando uma semana meio que por minha própria conta. Mas valeu a pena! Além disso, lamento dizer, bati com os punhos fechados no meu novo tio e disse que não gostava dele porque estava levando minha tia Emily embora.

No verão seguinte, dois meninos foram se hospedar na casa do meu avô para frequentar a escola, Wellington e David Nelson, mais conhecidos como "Well" e "Dave". Well tinha a minha idade, Dave era um ano mais novo. Os dois foram meus amiguinhos por três felizes anos; nós nos divertimos muito, de maneira simples, plena e deliciosa, com nossas brincadeiras e jogos ao encantador lusco-fusco de verão, correndo alegremente pelos campos e pomares, ou então nas longas noites de inverno em frente à lareira.

No primeiro verão que eles passaram lá, nós construímos uma casinha entre os abetos, a oeste do pomar na frente da casa. Ficava num pequeno círculo de pés de abeto, e nós a construímos fincando estacas no chão entre as árvores e depois entrelaçando ramos de abeto nas estacas. Eu tinha jeito para esse tipo de trabalho e sempre conquistava a admiração dos meninos quando preenchia as falhas do nosso castelo verdejante. Fizemos também uma porta para a casinha, algo meio cambaio, formado por três tábuas atravessadas e pregadas sobre outras duas, e toda essa estrutura pendurada no galho de uma pobre bétula por dobradiças de couro esfarrapadas, cortadas de botas velhas. Mas, para nós, era uma porta tão linda e preciosa quanto o o Belo Portão do Templo para os judeus antigos. Afinal, fomos nós que fizemos!

Tínhamos também um pequeno jardim, nosso orgulho e alegria, embora nosso esforço não tenha sido recompensado à altura. Plantamos sempre-vivas em volta de todos os canteiros, e elas cresceram como só as sempre-vivas crescem. Mas foi praticamente a única coisa que cresceu. As cenouras, chirívias, alfaces, beterrabas e outras verduras e flores que plantamos, ou simplesmente não vingaram ou produziram ramagens murchas e tiveram um fim ignóbil, apesar de todo o nosso cuidado de cavar, adubar, capinar e regar; talvez, justamente por causa disso, pois acho que éramos mais zelosos do que peritos em habilidades agrícolas. Mas persistência não nos faltava, e fomos recompensados com alguns resistentes girassóis, os quais, semeados num local mais negligenciado, floresceram com mais viço do que todas as outras plantas das quais cuidávamos com tanta dedicação e, com suas pétalas amarelas, coloriram e iluminaram aquele recanto do bosque de abetos. Lembro-me que ficávamos muito aflitos porque nossos feijões insistiam em crescer com os grãos para fora da vagem. Prontamente os colhíamos, geralmente com consequências desastrosas para os feijões.

Os leitores de *Anne de Green Gables* irão se lembrar da Mata Assombrada. Era um lugar apavorante para nós três, pequenos traquinas. Well e Dave tinham uma firme e enraizada crença em fantasmas. Eu tinha a mania de discutir com eles sobre isso, chegando sempre ao deprimente resultado de ser convencida da existência de espíritos. Não que eu de fato acreditasse em fantasmas pura e simplesmente, mas ficava inclinada a concordar com Hamlet que poderiam existir mais coisas entre o céu e a terra do que sonhava, pelo menos, a vã filosofia das autoridades de Cavendish.

A Mata Assombrada era um charmoso arvoredo de abetos na área abaixo do pomar. Chegamos à conclusão de que todas as nossas assombrações eram comuns demais, então inventamos uma para nossa própria diversão. Nenhum de nós acreditou, a princípio, que aquela pequena mata *fosse* mesmo assombrada, ou que os misteriosos "seres brancos" que imaginávamos ver passando por ali quando estava escuro fossem qualquer coisa que não criações de nossa fantasia. Mas nossa mente era fraca e nossa imaginação, forte; logo passamos a acreditar implicitamente em nossos mitos, e nenhum de nós três chegava perto daquela mata depois do anoitecer, com medo de morrer. Morrer! O que era a morte comparada à possibilidade sobrenatural de cair nas garras de um "ser branco"?

No final do dia, quando, como de costume, sentávamos nos degraus da varanda dos fundos, no suave crepúsculo de verão, Well me contava histórias de terror de gelar o sangue, até que meus pelos se arrepiavam e eu não ficaria surpresa se um exército inteiro de "seres brancos" aparecesse de repente dobrando a esquina em nossa direção. Uma das histórias era de que a avó dele, saindo numa madrugada para ordenhar as vacas, viu o avô sair da casa, conduzir as vacas para o quintal e depois descer a rua.

A parte aterrorizante da história era que, ao voltar, a avó encontrava o o marido deitado no sofá, onde ela o havia deixado, em nenhum momento tendo saído da casa. No dia seguinte, alguma coisa aconteceu com o pobre senhor. Esqueci o que foi, mas sem dúvida algum castigo por ter mandado seu espírito conduzir as vacas!

Outra história era a de um jovem desregrado da comunidade que, voltando para casa de alguma orgia depravada num sábado à noite, ou melhor, no domingo de madrugada, foi perseguido por um cordeiro de fogo, com a cabeça cortada e pendurada por uma tira de pele em chamas. Durante várias semanas, eu não conseguia ir a parte alguma no escuro sem olhar o tempo inteiro por sobre o ombro, vigiando apreensiva, com medo daquela aparição.

Certa vez, Dave veio em minha direção no pomar de macieiras, à noitinha, com os olhos quase saltando para fora das órbitas, e jurou que tinha ouvido um sino tocar dentro da casa, onde naquele momento não havia ninguém. O mistério logo foi esclarecido com a descoberta de que o som era simplesmente um relógio recém-consertado batendo as horas, o que até então não havia acontecido. Este acontecimento serviu de base para o capítulo "Sino Fantasmagórico" em *The Story Girl*.

Uma noite, entretanto, tivemos um susto com fantasma real; "real" qualificando "susto", não "fantasma". Estávamos brincando de pega-pega no final do dia, no campo de feno ao sul da casa, correndo por entre os rolos perfumados de feno recém-cortado. De repente, olhei na direção do pomar, e um arrepio percorreu minha espinha, pois ali, debaixo de um arbusto de junípero, estava realmente um "ser branco", sem forma definida, um brilho no lusco-fusco. Nós três paramos e ficamos olhando, petrificados.

– É Mag Laird – disse Dave, num tom de voz abafado e amedrontado.

Mag Laird era uma criatura inofensiva que perambulava ali pela região e era o pesadelo das crianças em geral, especialmente de Dave. Como as roupas da pobre Mag eram normalmente velhas e sujas, descartadas de outras pessoas, não me parecia provável que aquele vulto impecavelmente branco fosse ela. Bem que Well e eu gostaríamos que fosse, porque pelo menos Mag era de carne e osso, ao passo que aquilo...

– Bobagem! – falei, tentando desesperadamente ser prática. – Deve ser o bezerro branco.

Well concordou com um entusiasmo suspeito, mas aquela coisa branca e disforme não se parecia nem um pouco com um bezerro.

– Está vindo para cá! – exclamou ele de repente, aterrorizado.

Olhei mais uma vez. Sim! A coisa estava rastejando sobre a relva, de um jeito que um bezerro jamais faria. Com um grito uníssono, disparamos na direção da casa.

– É Mag Laird! – Dave repetia a cada passo, com respiração arfante, enquanto Well e eu apenas tínhamos consciência de que finalmente um "ser branco" estava vindo atrás de nós!

Entramos em casa e corremos até o quarto de vovó, onde antes ela estava tricotando. Mas ela não estava lá. Então demos meia-volta e debandamos até a casa vizinha, onde chegamos tremendo da cabeça aos pés. Contamos nossa história, ofegantes, e claro que deram risada de nós. Mas nenhuma tentativa de persuasão teve efeito para nos convencer a voltar, então os criados franco-canadenses Peter e Charlotte saíram para explorar, um levando um balde de aveia e o outro armado com um forcado.

Eles voltaram e disseram que não haviam visto nada, o que não nos surpreendeu. Era óbvio que um "ser branco" desapareceria depois de ter cumprido sua missão de assustar três crianças peraltas a ponto de ficarem fora de si. Mas não fomos para casa, até que vovô por fim apareceu e nos levou de volta, o trio mais envergonhado do mundo. Pois o que você acha que era?

Uma toalha de mesa branca havia sido estendida na relva para quarar, ao pé do junípero, e quando começou a anoitecer, vovó saiu para recolhê-la, levando consigo o tricô. Colocou a toalha sobre o ombro, mas o novelo de lã caiu e rolou por cima do dique que circundava o pomar. Ela se ajoelhou para pegar e foi quando se deteve ao escutar nossa gritaria. Antes que pudesse fazer qualquer coisa, nós já tínhamos desaparecido.

E assim sucumbiu nosso último "fantasma", e os terrores espectrais perderam força, pois por muito tempo fomos motivo de chacota.

Mas brincávamos de casinha, de jardinagem, corríamos, fazíamos piqueniques e subíamos nas árvores. Como amávamos as árvores! Sou grata por ter passado a infância em um lugar tão arborizado, com árvores de personalidade, plantadas e cuidadas por mãos que há muito tempo não existem mais, unidas por todas as alegrias e tristezas que permearam nossa vida. Quando "convivo" por muitos anos com uma árvore, é como se fosse para mim uma pessoa e companheira querida.

Atrás do celeiro havia duas árvores que eu apelidei carinhosamente de "Os Namorados", um abeto e um bordo, tão entrelaçadas que os galhos de uma literalmente despontavam dos galhos da outra. Lembro-me de escrever um poema sobre elas que intitulei de "Árvores Namoradas". Elas viveram uma união feliz por muitos anos. O bordo morreu primeiro; o abeto segurou sua forma sem vida nos braços verdes e fiéis por dois longos anos. Até que, com o coração partido, ele também morreu. Foram lindas em vida, e a morte não as separou; e acalentaram o coração de uma criança com fantasias encantadoras.

Em um canto do pomar da frente havia uma linda bétula. Eu a chamava de "Dama Alva" e tinha a fantasia de que ela era amada por todos os abetos escuros ao redor e que eles eram rivais e disputavam seu amor. Era a coisa mais branca e ereta que existia, jovem, clara e recatada.

Na parte sul da Mata Assombrada, havia outra magnífica bétula, mais velha. Era a rainha das árvores para mim. Eu a adorava e a nomeei de "Monarca da Floresta". Um dos meus primeiros "poemas", o terceiro que escrevi, foi para ela, quando eu tinha 9 anos. Aqui está o que me lembro dele:

"Em volta dos bordos e abetos
Havia um álamo e um chorão;
Mas cresceu na Mata Assombrada
A árvore do meu coração.

Uma bétula alta e imponente,
Com galhos verdes frondosos;
Abrigo do calor e do sol
Divina aos meus olhos amorosos.

A Monarca da Floresta,
Um esplêndido nome real,
Ah, que linda a minha bétula,
Bem ali no meu quintal."

A última linha era uma ficção poética. Oliver Wendell Holmes diz:

"Não há nada que conserve a mocidade,
Até onde eu sei, somente uma árvore e a verdade."

Mas nem mesmo uma árvore vive para sempre. A Mata Assombrada foi toda cortada. A grande bétula foi poupada, mas, sem a proteção dos densos abetos, começou a morrer aos poucos, antes mesmo que os ventos do norte soprassem do golfo. A cada primavera, seus ramos davam menos folhas. A pobre árvore ficou ali, como um rei renegado e abandonado, com uma capa esfarrapada. Não fiquei triste quando finalmente a cortaram. "A terra dos sonhos" retomou seu cetro e reina em perene beleza.

Cada macieira nos dois pomares possuía uma individualidade e um nome: "Árvore da tia Emily", "Árvore do tio Leander", "Arvorezinha Xarope", "Árvore Sarapintada", "Árvore Aranha", "Árvore Gavin" e muitas outras. A "Gavin" dava maçãs pequenas, verde-esbranquiçadas, e tinha esse nome porque um garoto chamado Gavin, que trabalhava em uma fazenda vizinha, havia sido pego roubando maçãs dela. Por que o tal Gavin teria se arriscado e perdido sua reputação roubando maçãs daquela árvore em especial, eu nunca entendi, pois elas eram duras, amargas, sem gosto, não serviam para comer nem para fazer doce.

Queridas árvores! Espero que todas tenham tido uma alma e que floresçam novamente para mim nas colinas do Paraíso. Quero muito, numa vida futura, encontrar mais uma vez a velha "Monarca" e a "Dama Alva", e até mesmo a árvore do pobre e desonesto Gavin.

CAPÍTULO 4

O verão dos meus 8 anos foi muito emocionante em Cavendish, talvez o mais emocionante de todos, e claro que para nós, crianças, a empolgação foi enorme. O *Marcopolo* se acidentou perto da costa.

Marcopolo era um navio famoso, a embarcação mais veloz de sua categoria já construída. Sua história era estranha, romântica e o núcleo de várias tradições e histórias de marinheiros. Ele tinha sido condenado na Inglaterra por não seguir as normas de segurança relativas ao calado. Os proprietários se esquivaram do processo vendendo-o para uma empresa norueguesa e, depois, fretando-o para trazer uma carga de madeira de Quebec. Na volta, o navio foi pego por um violento temporal no golfo, houve um vazamento e ele ficou tão inundado de água que o capitão decidiu levá-lo para a praia para salvar a tripulação e a carga.

Naquele dia, tivemos uma tempestade terrível em Cavendish, com uma ventania muito forte. De repente, espalhou-se a notícia de que uma embarcação estava se aproximando da orla. Todos que puderam correram para lá e tiveram uma visão impressionante! Uma grande embarcação vinha naquela direção, à frente do vendaval do norte, com todas as velas içadas. Parou a pouco menos de 300 metros da praia, a tripulação cortou o cordame e os enormes mastros desabaram com um estrondo que foi ouvido a um quilômetro e meio de distância, acima do rugido da tempestade.

No dia seguinte, os vinte homens da tripulação foram para terra e se hospedaram nas estalagens de Cavendish. Típicos lobos do mar, eles coloriram de vermelho nosso pacato povoado pelo resto do verão. Era uma diversão especial para eles amontoarem-se numa carroça e percorrer as ruas gritando a plenos pulmões. Eram de diferentes nacionalidades; havia irlandeses, ingleses, escoceses, espanhóis, noruegueses, suecos, holandeses, alemães e, curiosamente, dois taitianos, cujos cabelos trançados, lábios grossos e brincos de ouro eram fonte de inesgotável alegria para mim, Well e Dave.

Houve uma longa burocracia em torno do caso, e os homens do *Marcopolo* acabaram ficando várias semanas em Cavendish. O capitão se hospedou em nossa casa. Era um norueguês muito educado e encantador, idolatrado por sua tripulação. Falava inglês bem, embora se confundisse um pouco com as preposições.

– Obrigado por sua gentileza *contra* mim, pequena srta. Maud – ele costumava dizer, com uma mesura.

Devido à presença do capitão em nossa casa, os marinheiros também andavam por ali com frequência. Lembro-me da noite em que eles receberam seu pagamento: estavam todos sentados na relva, junto às janelas da sala, alimentando nosso velho cão Gyp com biscoitos. Well, Dave e eu vimos, com os olhos arregalados, a mesa da sala literalmente coberta por moedas de ouro, que depois o capitão distribuiu entre os homens. Nunca imaginamos que existisse tanta riqueza no mundo.

Naturalmente a praia faz parte da minha vida desde que me entendo por gente. Aprendi a conhecê-la e amá-la em qualquer estado e clima. O litoral de Cavendish é muito bonito; parte dele é costa rochosa, onde as falésias vermelhas escarpadas se erguem íngremes das enseadas cobertas de pedras. E parte é uma extensa e brilhante faixa de areia, separada dos campos e lagoas atrás por uma fileira de suaves dunas arredondadas cobertas de relva espessa. Este é um local perfeito para banho de mar.

Durante a minha infância, passei muito tempo na praia. Não era tão deserta e tranquila como hoje. Naquele tempo, a pesca de cavalinha era boa, e a orla era pontilhada de cabanas de pesca. Vários fazendeiros tinham uma cabana de pesca na área costeira de sua fazenda, com um barco na frente, pronto para ir para o mar. Vovô sempre pescava cavalinhas no verão, em um barco tripulado por dois ou três franco-canadenses, perto da orla. Bem onde terminam as formações rochosas e começa a faixa de areia, havia uma pequena colônia de cabanas de pesca. O local foi chamado de Cawnpore, devido ao fato de que, no dia e hora em que o último prego estava sendo colocado na última cabana, chegou a notícia do massacre de Cawnpore na Rebelião Indiana. Hoje não existe mais nenhuma cabana ali.

Os homens saíam às 3 ou 4 horas da manhã para ir pescar. Nós, crianças, levávamos o desjejum para eles às 8 horas, mais tarde, o almoço e, nos dias em que a pesca estava produtiva, também o jantar. Nas férias, passávamos quase o dia todo lá e, em pouco tempo, eu já conhecia cada enseada, cada pedra e cada promontório daquela parte da orla. Espiávamos dentro dos barcos pelo teto de vidro, brincávamos na água, catávamos conchas, seixos e mexilhões, sentávamos nas pedras e comíamos algas dulse em abundância. Na maré baixa, as pedras ficavam recobertas de caramujos, como os chamávamos. Acho que o nome correto é pervinca. Muitas vezes, encontrávamos grandes conchas brancas de caramujo vazias, do tamanho de nossas mãos fechadas, trazidas para a praia de algum lugar distante e misterioso no fundo do mar. Logo decorei os lindos versos de Holmes em *O Nautilus* e me imaginava sentada em uma grande pedra, sonhadora, com os pés molhados descalços sob minha saia estampada e segurando uma enorme concha de caramujo em minha mão bronzeada pelo sol, apelando para minha alma para "construir mansões mais imponentes".

Havia uma grande quantidade de "conchas grandes" trazidas por aquele "mar inquieto", e nós as levávamos para casa para acrescentar à nossa coleção ou para colocar em volta dos nossos canteiros de flores. À beira-mar, onde as lagoas desembocavam no golfo, sempre encontrávamos uma abundância de lindas conchas brancas de mariscos.

As ondas que constantemente quebravam contra as falésias de arenito as desgastavam, formando lindas arcadas e cavernas. Um pouco a leste da nossa cabana de pesca ficava um acentuado promontório no qual a água batia até mesmo na maré mais baixa. No braço desse pontal, formou-se uma abertura; no início, era um buraco tão pequeno que mal dava para enfiar a mão. A cada estação, porém, ele ficava um pouco maior. Até que num determinado verão, eu e uma colega da escola resolvemos rastejar para dentro dele. Era muito estreito e apertado e, depois dessa aventura, nós ficamos exultantes por termos tido a coragem, mas sem deixar de pensar no que teria acontecido se uma de nós tivesse ficado entalada lá dentro!

Em alguns anos, já era possível ficar em pé dentro da cavidade. Tempos depois, um cavalo poderia atravessar a passagem puxando uma carroça. Por fim, depois de cerca de 15 anos desde que a abertura começou a surgir, a ponte no alto estava tão fina que acabou cedendo, e o promontório se tornou uma ilha, como se um portão tivesse sido aberto na pedra.

Havia muitas histórias e lendas relacionadas ao litoral, sobre as quais eu ouvia os mais velhos comentando. Vovô gostava de uma história dramática, tinha boa memória para os detalhes e narrava muito bem. Ele conhecia vários casos sobre o terrível vendaval americano, ou "tempestade ianque", como era chamado, quando centenas de navios de pesca americanos que estavam no golfo naufragaram na costa norte.

A história do *Franklin Dexter* e dos quatro irmãos que navegaram nele, e que é narrada em *The Golden Road*[5], é literalmente verdadeira. Vovô foi um dos que encontraram os corpos; ele ajudou a enterrá-los no cemitério ao lado da igreja de Cavendish, e depois a exumá-los quando o desolado pai chegou e ainda a levá-los para o desventurado *Seth Hall*.

Havia também a história do Cabo Leforce, um evento trágico, sem registro por escrito, que remonta à época em que a Ilha de St. John pertencia à França. Foi por volta de 1760. Eu nunca me lembro de datas. As únicas duas datas que sei, dentre todas que foram tão minuciosamente estudadas na escola, são que Júlio César desembarcou na Inglaterra em 55 a.C. e que a Batalha de Waterloo foi travada em 1815. França e Inglaterra estavam em guerra. Corsários franceses infestaram o golfo e saquearam o comércio das colônias da Nova Inglaterra. Um desses navios piratas era comandado por um capitão chamado Leforce.

Certa noite, eles ancoraram ao largo da costa de Cavendish, naquele tempo um lugar sem nome, ermo e arborizado. Por alguma razão, a tripulação desembarcou e acampou à noite no promontório hoje conhecido como Cabo Leforce. O capitão e seu companheiro dividiram uma barraca e tentaram separar o fruto de sua pilhagem. Discutiram e ficou decidido que travariam um duelo ao amanhecer. Quando chegou a hora, no entanto, o outro homem virou-se antes da hora e atirou no capitão Leforce.

Não sei se esse homem chegou a ser punido por seu crime. Provavelmente não. Foi apenas mais uma execução em uma longa página de derramamento de sangue. Mas o capitão foi sepultado por sua

---

[5] "A Estrada Dourada", em tradução livre. (N.E.)

tripulação no local onde caiu, e várias vezes ouvi vovô dizer que o pai dele, meu bisavô, havia visto o túmulo quando criança. Há muito tempo ele foi levado pelas ondas, mas seu nome continua ligado ao promontório avermelhado.

Cerca de 10 quilômetros a oeste, a vista era delimitada pelo Cabo New London, um pontal extenso e pontiagudo que se projetava para dentro do mar. Quando eu era criança, não me cansava de especular sobre o que havia do outro lado desse rochedo, pois tinha quase certeza de que era um reino encantado. Mesmo quando comecei a compreender que do lado de lá havia apenas uma outra enseada como a de cá, o mistério e o fascínio ainda persistiam. Eu ansiava por ficar ali naquela ponta solitária, remota e arroxeada, além da qual ficava a terra dos crepúsculos perdidos.

Poucas vezes vi uma paisagem mais bonita que o pôr do sol atrás daquele penhasco. Anos depois, um novo encanto se somou ao local, uma luz giratória que brilhava como uma estrela esplendorosa nas noites enluaradas de verão, como um farol vigilante em uma terra de fadas.

Eu não costumava ir muito longe. De vez em quando, uma viagem até a cidade de Charlottetown ou uma visita à casa de tio John Campbell em Park Corner eram minhas únicas excursões além da linha do horizonte, e ambas eram motivo de grande alegria. Para Park Corner, íamos com mais frequência, pelo menos uma vez por ano, às vezes duas. O passeio à cidade era mais raro, uma vez a cada três anos, e era um acontecimento equivalente ao que seria hoje... ou antes da guerra... uma viagem à Europa, em termos de novidade, empolgação e encantamento. Significava uma breve peregrinação a um lugar maravilhoso e fascinante, onde nos vestíamos com mais esmero e podíamos ter todas as amêndoas, castanhas, doces e laranjas que quiséssemos, sem falar do requintado divertimento de olhar tantas coisas bonitas nas vitrines das lojas.

Lembro-me nitidamente da minha primeira viagem à cidade, com 5 anos de idade. Foi um dia glorioso, mas a melhor parte foi uma pequena aventura que vivi pouco antes de voltar para casa. Vovô e vovó encontraram alguns amigos na rua e pararam para conversar. Percebendo que não estavam prestando atenção em mim, eu rapidamente me afastei por uma rua transversal próxima, em busca de alguma novidade. Era uma sensação de tanta euforia e independência andar na rua sozinha! Era uma rua linda, eu nunca mais a vi desde então; não com os mesmos olhos, pelo menos. Nenhuma outra rua tinha o mesmo charme! A visão mais surpreendente que eu tive foi de uma mulher sacudindo tapetes *no andar de cima de uma casa*. Fiquei atônita com aquela visão tão extraordinária. *Nós* sacudíamos os tapetes no quintal. Quem diria que era possível alguém sacudi-los no andar de cima de uma casa!

Chegando ao final da rua, desci correndo os degraus até uma porta que estava aberta e me vi em um lugar encantador, mergulhado na penumbra, cheio de barris e com o piso coberto de aparas encaracoladas até a altura dos tornozelos. Mas ao ver alguém mover-se num canto mais distante, eu fui tomada não por medo, mas por timidez, e bati em retirada. No caminho de volta, encontrei uma garotinha com um cântaro na mão. Nós duas paramos, e com a camaradagem instintiva e inconvencional das crianças, nos precipitamos numa conversa íntima e confidencial. Ela era um amorzinho, com olhos pretos e duas longas tranças escuras. Contamos uma à outra a nossa idade, quantas bonecas tínhamos e quase tudo o mais que havia para contar, exceto nossos nomes, algo em que nenhuma de nós pensou. Quando nos afastamos, senti como se estivesse me separando de uma amiga da vida inteira. Nunca mais nos encontramos.

Quando voltei para perto dos adultos, eles não tinham dado pela minha falta e nem imaginavam a arrebatadora viagem que eu fizera até o País das Maravilhas.

Os passeios em Park Corner eram sempre uma delícia. Para começar, eram muito bonitos aqueles 20 quilômetros da estrada que serpenteava entre bosques e colinas e ao longo das margens dos rios. Havia várias pontes, duas delas levadiças. Eu tinha muito medo das pontes levadiças, tenho até hoje. Por mais que me esforce, fico tensa desde o momento em que o cavalo pisa na ponte até chegar em segurança ao outro lado.

A casa de tio John Campbell era grande, toda branca, cercada por árvores frutíferas. Naqueles tempos, eu tinha ali um trio de primos, muito divertidos, que me contagiavam com sua alegria e risadas. Até as paredes da casa devem ter sido permeadas pela essência daqueles bons tempos. Havia também uma despensa antiga, sempre abastecida de guloseimas, onde tínhamos o hábito de entrar antes de dormir para devorar petiscos, tagarelar e rir ruidosamente.

Um velho parafuso saliente na parede do patamar no meio da escada sempre me faz ter noção de quanto eu cresci. Naqueles tempos de infância, lembro que ele ficava na altura do meu nariz; *hoje* fica na altura dos meus joelhos! Eu costumava me medir por ele toda vez que ia lá.

Eu adorava a pesca de trutas e a colheita de frutas. Nós pescávamos nos riachos do bosque, usando anzol e linha, e minhocas como isca. Quase sempre alguma minhoca caía em cima de mim, o que me deixava nervosa e apavorada, mas eu sempre conseguia pegar peixes. Lembro-me da emoção e orgulho que senti um dia quando fisguei uma truta grande, do tamanho de algumas que os adultos pescavam na lagoa. Well e Dave estavam comigo e senti que cresci cinco por cento no conceito deles. Uma menina que conseguia pescar uma truta como aquela não era para ser totalmente desprezada.

Colhíamos frutinhas silvestres nos campos atrás do bosque, onde chegávamos atravessando caminhos arborizados, recobertos de musgo, impregnados com o perfume das flores, onde sol e sombra se intercalavam e onde avistávamos raposas e lebres em suas perseguições naturais.

Nunca ouvi nada mais doce que os assobios dos pintarroxos ao pôr do sol nos bosques de bordos ao redor daqueles campos.

Atravessar o bosque com companhia era muito agradável; já sozinha era algo bem diferente. Cerca de um quilômetro e meio adiante, na estradinha, vivia uma família que tinha uma pequena loja onde vendiam chá, açúcar, etc. Frequentemente me mandavam até lá para comprar suprimentos para a casa, e nunca esquecerei a agonia e o terror que eu sentia ao passar por aquele bosque. A extensão de bosque que eu tinha de atravessar não devia chegar a 500 metros, mas para mim parecia não ter fim.

Não sei explicar exatamente do que eu tinha medo. Eu *sabia* que não havia nada além de lebres por ali, ou como diziam os sábios adultos, "nada que não tenha mais medo de você do que você deles". Mas era um medo primitivo, transmitido para mim por uma herança genética de ancestrais que, no princípio dos tempos, tinham motivos para temer a floresta. Para mim, era um pavor cego, irracional. E isso à luz do dia; atravessar aquele bosque depois do anoitecer era algo simplesmente inconcebível. Havia pessoas que o faziam. Um jovem professor que às vezes se hospedava conosco parecia não ver nada demais em andar por ali à noite. Aos meus olhos, ele era o maior herói que o mundo já havia visto!

CAPÍTULO 5

Eu contei sobre o dia em que conheci a dor física. Minha primeira compreensão da dor emocional de tristeza ocorreu quando eu estava com 9 anos.

Eu tinha duas gatinhas, Catkin e Pussy-willow. Catkin era mansinha e quietinha demais para o meu gosto, mas Pussy-willow era a coisa mais linda e fofa, uma bolinha de pelo rajadinho de cinza, e eu a amava apaixonadamente.

Certa manhã, encontrei-a morrendo envenenada. Nunca me esquecerei da agonia e da dor que senti enquanto assistia àquela cena, os olhos da minha gatinha vitrificados, as patinhas ficando frias e rígidas. Desde então, mesmo depois de adulta e com a maturidade e experiência de vida, em nenhum momento achei que meu sofrimento de criança por causa da morte de um animal tivesse sido exagerado. Foi real demais, simbólico demais! Foi a primeira vez que *tive noção* da morte, a primeira vez, desde que eu tinha consciência do que era amar, que o que eu amava havia me deixado para sempre. Naquele momento, eu me deparei com a maldição da finitude, "a morte passou a fazer parte do meu mundo", e virei as costas para o Éden da infância onde tudo parecia durar eternamente. Fui banida dele para sempre pela espada afiada daquela dor aguda e inesquecível.

Éramos protestantes e íamos todos os domingos à antiga Igreja Presbiteriana de Cavendish, na colina erma. Nunca foi uma igreja bonita, por dentro ou por fora, mas era linda aos olhos dos fiéis pelos anos de lembranças e associações sagradas. Nosso banco ficava junto a uma janela, com vista para a encosta da colina e o lago azul, dali enxergávamos até as pequenas dunas e a suave curvatura onde a faixa de areia e as águas do golfo se encontravam.

Havia um grande mezanino na parte de trás da igreja. Sempre tive vontade de sentar ali, principalmente porque eu não tinha permissão para isso, sem dúvida mais um exemplo de fruto proibido! Somente uma vez por ano, no Domingo do Sacramento, eu podia subir lá com as outras meninas e considerava isso um grande presente. Podíamos ver, lá do alto, toda a congregação, que nesse dia estava em festa, numa verdadeira floração de vestidos e chapéus novos. O Domingo do Sacramento era, na realidade, a celebração da Páscoa. Todas nós ganhávamos um chapéu novo, ou um vestido, e às vezes... ah, que maravilha... as duas coisas! E receio que estivéssemos mais interessadas nisso do que no culto propriamente dito e na celebração. O culto era muito longo naquele tempo, e a criançada se cansava e ficava com inveja de alguns irresponsáveis que saíam da igreja enquanto a congregação ainda entoava o cântico da Eucaristia. Nós gostávamos muito mais da Escola Dominical do que dos cultos. Algumas das minhas lembranças mais doces são das horas passadas naquela velha igreja com minhas amiguinhas, com nossos catecismos e folhas de lições em nossas mãos calçadas em luvas de algodão. Nas noites de sábado, aprendíamos a ler e estudar as Escrituras, textos e paráfrases. Eu sempre gostei de recitar essas paráfrases, especialmente as que continham linhas dramáticas.

A *Spectator* de Londres, em uma análise muito gentil de *Anne de Green Gables*, disse que possivelmente a precocidade de Anne estava um pouco exagerada na afirmação de que uma criança de 11 anos era capaz de apreciar o efeito dramático das linhas:

> "Tão rápido quanto os esquadrões abatidos caíram
> No dia da derrota de Midiã."

Mas eu só tinha 9 anos quando esse versículo tocou minha alma conforme eu o recitava na Escola Dominical. Durante toda a homilia que se seguia, eu o ficava repetindo mentalmente. Até o dia de hoje, ele me provoca uma emoção misteriosa, independentemente de seu significado.

Assim era a minha vida na infância, muito simples e tranquila, como você pode ver. Nada de muito empolgante ou fora do corriqueiro, que possa sugerir uma "carreira". Alguns podem achá-la entediante. Mas, para mim, nunca houve um momento de tédio na vida. Em minha imaginação vívida, eu tinha um passaporte para a geografia do País das Fadas. Em um piscar de olhos, eu podia me transportar, e me transportava, para regiões de aventuras maravilhosas, sem impedimentos por nenhuma restrição de tempo ou lugar.

Tudo era investido de uma espécie de graça e charme de fadas que emanavam da minha própria fantasia: as árvores que sussurravam à noite ao redor da casa antiga onde eu dormia, os recantos arborizados que explorava, os campos da propriedade, cada detalhe era individualizado por alguma singularidade, uma forma diferente, o murmúrio do mar que estava constantemente em meus ouvidos; tudo era radiante, tudo envolvia "a glória e o sonho".

Eu sempre tive um profundo amor pela natureza. Uma pequena samambaia crescendo no bosque, um tapete de campânulas sob os abetos, o luar incidindo no tronco alvo de uma bétula, uma estrela noturna acima do dique do pomar, as nuances de claridade e sombra sobre um campo de trigo maduro, tudo isso me inspirava "pensamentos profundos e comoventes" e sentimentos que, na época, eu não conhecia palavras para expressar.

Sempre me pareceu, desde a mais tenra infância, que, entre todas as coisas triviais da vida, eu sempre estava perto de um reino de beleza ideal. Entre mim e ele havia apenas um véu fino, que eu não conseguia afastar inteiramente, mas, às vezes, era como se uma espécie de brisa soprasse, e eu vislumbrava o reino encantado do outro lado. Eram somente vislumbres, mas que sempre faziam a vida valer a pena.

É desnecessário dizer que eu sempre fui apaixonada por leitura. Não tínhamos muitos livros em casa, mas havia sempre jornais e uma ou outra revista. Vovó assinava a *Godey's Lady's Book*. Não sei qual seria hoje a minha opinião sobre essa revista, mas na época eu achava que era maravilhosa, e a entrega mensal era um acontecimento para mim. As primeiras páginas vinham com várias imagens de roupas da moda, e eram uma alegria perpétua! Eu me debruçava sobre elas, encantada, e passava um bom tempo escolhendo quais vestidos eu teria, se pudesse. Era a época das franjas, cerdas e chapéus de coroa alta, que eu achava extremamente bonitos e pretendia ter assim que tivesse idade para usar. Depois das páginas de moda, vinha a seção literária, com contos e periódicos que eu devorava com voracidade, frequentemente chorando de emoção com as angústias das heroínas, que eram sempre muito lindas e bondosas. Tudo na ficção era preto ou branco, naquele tempo. Não havia personagens duvidosos. Os vilões e vilãs eram claramente caracterizados, e o leitor sabia exatamente onde estava pisando. Esse método antigo tinha seus méritos. Hoje em dia, é difícil saber quem é vilão e quem é herói. Mas na *Godey's Lady's Book* nunca havia dúvidas. Quanto aos livros, eu li todos os que tínhamos em casa, alguns mais de uma vez. Eu tinha meus prediletos. Havia dois volumes de capa vermelha de *Uma História do Mundo*, com ilustrações grosseiramente coloridas, que eram um verdadeiro deleite. Tenho a impressão de que, como História, talvez fossem fracos, mas como livros de histórias eram muito interessantes. Começavam com Adão e Eva no Paraíso, passavam pela "glória da Grécia e a grandeza de Roma", até o reinado de Victoria.

Havia também um livro sobre missionários nas Ilhas do Pacífico, que me encantava porque era repleto de imagens de líderes de tribos canibais com os cabelos mais estranhos. Os contos de Hans Andersen eram um júbilo perene. Sempre adorei contos de fadas e me deleitava com histórias de fantasmas. Na verdade, até hoje não há nada que eu goste mais do que de uma história de fantasma bem contada, daquelas que dão calafrios na espinha. Mas os fantasmas precisam ser de verdade, sabe? Não gosto quando, no final, a assombração era só uma ilusão ou uma armadilha.

Eu não tinha acesso a romances em geral. Naquele tempo, não se aprovava que crianças lessem romances. Os únicos romances que tínhamos em casa eram *Rob Roy*, *Pickwick Papers* e o famoso *Zanoni* de Bulwer Lytton; e eu os li e reli tantas vezes que praticamente conhecia os capítulos inteiros de cor.

Felizmente, a poesia não era desaprovada como os romances. Eu podia me esbaldar à vontade lendo Longfellow, Tennyson, Whittier, Scott, Byron, Milton, Burns. O contato com a poesia na infância faz com que ela se torne parte da natureza da pessoa, muito mais profundamente do que quando lida pela primeira vez na maturidade. Sua música ajudou a tecer minha alma em formação e, desde então, ecoa através dela, no consciente e no subconsciente: "a música dos imortais, daquelas belas e grandiosas almas cuja passagem pela terra fez dela um solo sagrado".

Aos domingos, porém, até a poesia era proibida. Nossas distrações então eram *O Peregrino* e os *Sermões* de Talmage. *O Peregrino* era lido e relido com prazer. Tenho orgulho disso; mas não tanto orgulho de ter encontrado a mesma satisfação na leitura dos *Sermões* de Talmage. Eram os dias de glória de Talmage, todos os vendedores ambulantes de publicações religiosas levavam consigo os livros dele, e um novo volume de Talmage significava para nós na época tanto quanto o lançamento de um novo *best seller* hoje em dia. Não posso dizer que era a religião que me atraía, embora, nessa idade, eu gostasse bastante do gênero de Talmage; eram os casos e as descrições vívidas e dramáticas que me encantavam. Os sermões eram tão interessantes quanto histórias de ficção. Sei que hoje eu não teria paciência de lê-los, mas tenho com Talmage uma verdadeira dívida de gratidão pela riqueza de relatos proporcionados a uma criança que ansiava pelos fascínios da vida.

Minha leitura dominical predileta, no entanto, era um livro pequeno, intitulado *The Memoir of Anzonetta Peters*[6]. Nunca me esquecerei desse livro. Pertencia a um gênero que hoje, felizmente, não existe mais, mas que estava muito em voga na época. Era a biografia de uma criança que se converteu aos 5 anos de idade, logo em seguida ficou muito doente, viveu uma vida marcada por extraordinária resignação e santidade, e morreu, depois de muito sofrimento, com 10 anos.

Devo ter lido esse livro umas cem vezes. Acho que não teve um efeito muito bom em mim. Para começar, a história me desencorajava horrivelmente. Anzonetta era tão perfeita que era inútil tentar imitá-la. Mesmo assim, eu tentei. Ela nunca usava, em momento algum, a linguagem comum própria das crianças. Invariavelmente, ela respondia a qualquer coisa, mesmo que fosse uma simples pergunta do tipo "Como você está hoje, Anzonetta?", citando um versículo das Escrituras ou

---

[6] *Memórias de Anzonetta Peters*, em tradução livre. (N.E.)

uma estrofe de um hino. Anzonetta era um hinário em forma de pessoa. Ela morreu com um hino nos lábios, suas últimas palavras fracamente balbuciadas foram:

"Ouçam, eles sussurram, os anjos dizem... Irmã espírito, venha."

Eu não me atrevia a tentar usar versículos e hinos numa conversa normal. Tinha total convicção de que ririam de mim e, além disso, duvidava que alguém entenderia. Mas me esforcei para fazer o melhor possível; escrevia hino atrás de hino no meu pequeno diário, seguindo o estilo das anotações de Anzonetta. Por exemplo, lembro-me de escrever solenemente: "Eu gostaria de estar no Céu agora, com mamãe e George Whitefield e Anzonetta B. Peters".

Mas eu não desejava isso de verdade. Apenas achava que *deveria* desejar. O fato é que eu estava bem contente com meu mundinho encantado e minha vida repleta de repolhos e reis.

CAPÍTULO 6

Escrevi extensivamente sobre os incidentes e o ambiente da minha infância porque eles tiveram uma influência marcante no desenvolvimento do meu dom literário. Um ambiente diferente teria resultado em um viés diferente. Não fossem aqueles anos em Cavendish, penso que *Anne de Green Gables* nunca teria sido escrito.

Quando me perguntam "Quando você começou a escrever?", eu respondo "Bem que eu gostaria de me lembrar". Não me lembro de *não* escrever, ou de não ter a intenção de ser escritora. Escrever sempre foi meu objetivo central, em torno do qual se agruparam todos os esforços, esperanças e ambições da minha vida. Eu era uma pequena e incansável escrevinhadora, e pilhas de manuscritos, infelizmente há muito tempo reduzidos a cinzas, prestavam testemunho disso. Escrevi sobre todos os pequenos incidentes da minha existência. Escrevi descrições dos meus recantos favoritos, biografias de meus inúmeros gatos, histórias de visitas, da escola, e até resenhas dos livros que eu lia.

Em um esplêndido dia, quando eu estava com 9 anos, descobri que conseguia escrever poesia. Eu andara lendo *Estações*, de Thomson, do qual um exemplar de capa preta franzida caíra em minhas mãos. Então compus um "poema" chamado "Outono", em versos brancos, imitando o poeta. Lembro-me que escrevi no verso de uma das cartas de notificação que eram usadas pelo correio. Eu não tinha papel à vontade naquele tempo, e as cartas do serviço postal vinham a calhar. Vovô era o encarregado do correio, e três vezes por semana uma "carta" descartada ia parar em minhas mãos, pelo que eu era grata. O governo não era tão econômico como agora, pelo menos não na questão de papel, e essas cartas tinham quase meio metro de comprimento.

De "Outono", lembro-me apenas destes versos iniciais:

"E chega então o outono, carregado de pêssego e pera;
O berrante do caçador ecoa por toda a terra,
E a pobre perdiz, tremulante, cai abatida."

A verdade é que não havia abundância de pêssegos e peras na Ilha do Príncipe Edward, em qualquer estação do ano, e tenho certeza de que ninguém alguma vez ouviu o "berrante de um caçador" na província, embora a caça a perdizes fosse praticada. Mas naqueles dias gloriosos minha imaginação se recusava a ser tolhida por fatos reais. Thomson falava de berrantes de caçador e coisas assim, então eu também podia falar.

Papai foi me visitar justamente no dia em que eu tinha escrito esse poema, e eu orgulhosamente o li para ele. Ele observou, sem muito entusiasmo, que "não se parecia muito com poesia". Isso me desencorajou, mas por pouco tempo; quando o amor pela escrita está na sua alma, dificilmente você é desencorajado. Uma vez que descobri que conseguia escrever poesia, os versos transbordavam da minha mente em qualquer situação. Passei a escrever com rimas, concluindo que era pela ausência de rima em "Outono" que papai achou que não era poesia. Escrevi extensos versos sobre flores, meses, árvores, estrelas, crepúsculos, e dediquei "Vidas" para minhas amigas.

Uma colega de escola, Alma M., também tinha o dom de escrever rimas. Ela e eu tínhamos o hábito, sem dúvida condenável, de sentar lado a lado na sala de aula e escrever versos em nossas pranchetas, enquanto o professor pensava, com orgulho, que estávamos aperfeiçoando nosso intelecto praticando exercícios com frações.

Começamos escrevendo acrósticos com nossos nomes; depois, poemas dedicados uma à outra, nos quais nos elogiamos impulsivamente; por fim, certo dia, concordamos em escrever com entusiasmo sobre todos os nossos professores, incluindo o diretor da escola. Completamos nossas pranchetas; para cada professor dedicamos duas estrofes, e as duas dedicadas ao pedagogo-mor eram efusões bastante sarcásticas sobre os flertes dele com as beldades de Cavendish. Alma e eu estávamos alegremente comparando nossas produções quando o próprio diretor, que estava em pé na nossa frente, de costas para nós, assistindo a uma aula, virou-se de repente e tirou a prancheta da minha mão paralisada. Horror dos horrores! Eu me levantei, acreditando firmemente que o fim dos tempos estava próximo. Por que ele não leu, eu não faço ideia; talvez suspeitasse do que se tratava e quisesse preservar sua dignidade. Qualquer que fosse o motivo, ele me devolveu a prancheta em silêncio, e eu me sentei com um arquejo abafado e, ao mesmo tempo, apagando as palavras comprometedoras, para o caso de ele mudar de ideia. Alma e eu ficamos tão apavoradas nesse dia que nunca mais nos entregamos ao prazer roubado de escrever poesia na classe!

Lembro-me (como poderia esquecer?) do primeiro elogio que meus escritos receberam. Eu estava com uns 12 anos e tinha uma pilha de poemas guardados, pois eu era muito sensível e não suportava a ideia de que alguém os visse e risse deles. Entretanto, eu queria saber qual seria a opinião dos outros a respeito, não por vaidade, mas por um forte desejo de saber se alguém imparcial veria neles algum mérito. Então empreguei um pequeno ardil para descobrir. Tudo me parece muito engraçado agora, e até um pouco patético, mas, na ocasião, eu sentia que estava aguardando uma sentença em um tribunal. Seria exagero dizer que, se o veredicto tivesse sido desfavorável, eu teria renunciado para sempre aos meus sonhos, mas com certeza eles teriam ficado adormecidos por algum tempo.

Estava hospedada em nossa casa uma senhora que era uma espécie de cantora. Certo fim de tarde, perguntei, timidamente, se ela já tinha ouvido uma canção chamada "Sonhos Noturnos".

Certamente ela não tinha ouvido, pois "Sonhos Noturnos" era um poema de minha autoria, que nessa altura eu considerava minha obra-prima. Ele não existe mais, e só me lembro das duas primeiras estrofes. Acredito que ficaram indelevelmente marcadas em minha memória pelo fato de que a hóspede me perguntou se eu conhecia alguma parte da letra da "canção". Então, com a voz trêmula, recitei as duas estrofes iniciais:

"Quando o sol se põe no oeste
Deixando a noite avançar,
Num halo de cor e esplendor,
Sento-me para descansar.

Esqueço presente e futuro,
Revivo o passado só mais uma hora,
Enquanto aos meus olhos repassam
Os belos dias de outrora."

Surpreendentemente original! E como se uma criança de 12 anos tivesse um longo "passado" para reviver! Terminei com um suspiro positivo, mas nossa hóspede estava ocupada com seu intrincado bordado e não notou minha palidez nem minha tremedeira. Porque eu *estava* pálida, aquele foi um momento de grande importância para mim. Ela apenas disse, serenamente, que nunca havia ouvido a música, mas que "a letra era muito bonita".

O fato de ter sido sincera deve tê-la feito sentir que sua reputação no âmbito de discernimento literário poderia ser prejudicada. Para mim, no entanto, foi o elogio mais doce que eu já havia recebido; na verdade, que já recebi até hoje. Foi um momento sublime que nada foi capaz de superar. Saí correndo da casa, que não era grande o suficiente para conter minha alegria, eu precisava de todo o ar livre que existia, e desci a alameda de bétulas dançando em um frenesi de felicidade, acalentando no coração o eco daquelas palavras.

Talvez tenha sido isso que me encorajou, em algum momento do inverno seguinte, a escrever, meticulosamente, meus "Sonhos Noturnos" (nos dois lados da folha, infelizmente!) e enviar para o editor de *The Household*, uma revista americana que assinávamos. A ideia de receber dinheiro pelos poemas nunca passara pela minha cabeça. Na verdade, acho que eu nem tinha noção naquela época de que as pessoas podiam ser pagas para escrever. Pelo menos meus primeiros sonhos de fama literária não foram contaminados por expectativas monetárias.

Mas que lástima! O editor de *The Household* não foi tão amável quanto nossa hóspede. Ele mandou os poemas de volta, apesar de eu *não* ter "anexado um selo" para devolução da correspondência, não tendo conhecimento algum desse tipo de procedimento.

Minhas aspirações foram cortadas pela raiz por algum tempo. Passou-se um ano antes que eu me recuperasse do golpe. Então tentei um voo mais modesto. Copiei meus "Sonhos Noturnos" mais uma vez e os enviei para o *Examiner* de Charlottetown. Tinha certeza de que eles os publicariam, porque costumavam publicar poemas que eu não considerava, e ainda não considero, superiores aos meus.

Durante uma semana, sonhei acordada com meus versos impressos no Recanto do Poeta, com meu nome embaixo. Quando o *Examiner* chegou, eu o abri com uma ansiedade trêmula. Mas não havia nem sinal de um sonho noturno ali!

Eu drenei a taça do fracasso até os últimos resíduos. Agora acho graça, mas, na época, foi horrivelmente real e trágico para mim. Senti-me esmagada pela humilhação, sem esperança de me reerguer novamente. Queimei meus "Sonhos Noturnos" e, apesar de ter continuado a escrever, porque era um impulso irrefreável, por um longo tempo não enviei mais poemas aos editores.

Entretanto, eu não escrevia somente poemas. Pouco depois que comecei a escrever versos, passei também a criar histórias. O Clube dos Contos em *Anne de Green Gables* foi inspirado por um pequeno incidente dos tempos de escola, quando Janie S., Amanda M. e eu escrevemos uma história com a mesma trama. Só me lembro que era um enredo bem trágico e que as heroínas se afogavam tomando banho de mar na praia de Cavendish! Ah, era muito triste! Foi a primeira vez, e provavelmente a última, que Janie e Amanda tentaram escrever ficção, mas eu já tinha toda uma coleção de histórias em que quase todo mundo morria. Havia uma um tanto lúgubre, "Meus Túmulos", que era minha obra-prima. Era uma longa narrativa das peregrinações da esposa de um pastor metodista que enterrava um filho em cada localidade do itinerário por onde ela passava. O mais velho foi enterrado em Newfoundland, o último em Vancouver, e o Canadá inteiro, de uma ponta à outra, ficou pontilhado desses túmulos. Escrevi a história em primeira pessoa, descrevi as crianças, imaginei seus leitos de morte e escrevi com detalhes como eram suas lápides e epitáfios.

Depois havia "A História da Elegante Olhos Brilhantes", que era a biografia de uma boneca. Eu não podia fazer uma boneca morrer, mas arrastei-a por todas as outras atribulações possíveis. No entanto, eu devia a ela uma velhice feliz junto a uma menina boazinha, que a amava por todos os perigos que ela havia passado e que ignorava sua consequente falta de beleza.

Hoje meus críticos dizem que meu ponto forte é o humor. Bem, não havia muito humor nessas primeiras histórias, pelo menos não intencional. Talvez eu tenha colocado para fora toda a tragédia que me impressionava e deixado livre uma veia de humor. Acho que era meu amor pelo drama que me levava a todo esse infanticídio. Na vida real, eu não mataria uma mosca, e a ideia de um gatinho se afogar era uma verdadeira tortura para mim. Em minhas histórias, porém, batalha, assassinato e morte súbita eram a ordem do dia.

Eu estava com 15 anos quando fiz minha primeira viagem de trem, que foi longa. Fui com meu avô para Prince Albert, em Saskatchewan, onde papai havia se casado novamente e estava morando. Passei um ano em Prince Albert e frequentei o colégio lá.

Fazia já três anos desde que eu sofrera toda aquela mortificação por causa dos "Sonhos Noturnos". A essa altura, minha ambição há tanto tempo paralisada começava a se recuperar e erguer a cabeça novamente. Escrevi a antiga lenda do Cabo Leforce em rima e enviei ao *Patriot*, não queria mais saber do *Examiner*!

Quatro semanas se passaram. Certa tarde, papai chegou com um exemplar do *Patriot*. Meus versos tinham sido publicados! Era o primeiro borbulhar na taça do sucesso, e é claro que fiquei inebriada. Havia alguns erros de impressão preocupantes no poema, que me deixaram apreensiva, mas era o meu poema em um jornal de verdade! O momento em que vemos nossa primeira querida cria intelectual impressa, preto no branco, é inesquecível. Tem um pouco do maravilhoso encantamento e da alegria que uma mãe sente ao olhar pela primeira vez para o rostinho de seu primeiro bebê.

Ao longo daquele inverno, tive outros versos e artigos publicados. Uma história que eu havia escrito em uma competição para concorrer a prêmio foi publicada no *Witness* de Montreal, e um artigo descritivo sobre Saskatchewan foi publicado no *Times* de Prince Albert, e reproduzido e comentado favoravelmente por vários jornais de Winnipeg. Depois que muitas críticas positivas de "Junho" e assuntos semelhantes apareceram no resignado *Patriot*, comecei a me dedicar a ser uma pessoa do mundo da literatura.

Mas o demônio do lucro mundano estava me contaminando. Escrevi uma história e enviei para o *Sun* de New York, porque soube que pagavam por artigos; mas o *Sun* de New York a devolveu para mim. Foi como um tapa na cara, mas continuei escrevendo. Veja que eu havia aprendido a primeira lição, a última e a do meio: "Nunca desista!".

No verão seguinte, voltei para a Ilha do Príncipe Edward. Passei o inverno em Park Corner, dando aulas de música e escrevendo poemas para o *Patriot*. Frequentei o colégio em Cavendish por mais um ano, estudando para o Exame de Admissão na Faculdade Prince of Wales. No outono de 1893, fui para Charlottetown e, durante o inverno, frequentei a Faculdade Prince of Wales, onde cursei pedagogia.

Eu continuava enviando escritos e recebendo-os de volta. Certo dia, porém, fui até o correio de Charlottetown e havia um envelope com o endereço de uma revista americana no espaço do remetente. Era uma breve nota aceitando o poema "Apenas uma Violeta". O editor me ofereceu duas assinaturas da revista como forma de pagamento. Fiquei com uma e dei a outra para uma amiga, e essas revistas, com suas historinhas insípidas, foram a primeira recompensa tangível que minha pena me trouxe.

"É um começo, e pretendo continuar", está escrito no meu diário daquele ano. "Ah, fico pensando se um dia serei capaz de escrever alguma coisa que valha a pena. É a minha maior e mais querida ambição."

Depois de sair da Faculdade Prince of Wales, lecionei por um ano em Bideford, na Ilha do Príncipe Edward. Escrevi bastante e aprendi bastante, mas meus manuscritos continuavam sendo devolvidos, com exceção de dois periódicos cujos editores, ao que tudo indicava, achavam que a literatura se recompensava por si só, independentemente de qualquer consideração monetária. De vez em quando, me pergunto como não desisti, diante de tanta falta de estímulo. No começo, eu me sentia profundamente magoada quando um conto ou poema ao qual eu havia me dedicado com afinco era devolvido com uma daquelas cartinhas curtas e frias de rejeição. Lágrimas de frustração vinham aos olhos, contra a minha vontade, enquanto eu me afastava desanimada para esconder o pobre manuscrito no fundo do meu baú. Depois de um tempo, porém, fiquei calejada e não me importava mais. Apenas cerrava os dentes e dizia "Eu vou conseguir". Eu acreditava em mim mesma e lutava sozinha, em segredo e em silêncio. Nunca contei a ninguém sobre minhas ambições, esforços e fracassos. No fundo, bem lá no fundo, sob todo o desencorajamento e rejeição, eu sabia que "chegaria lá" um dia.

No outono de 1895, fui para Halifax e passei o inverno fazendo um curso de literatura inglesa na Faculdade Dalhousie. Nesse inverno, veio uma "Grande Semana" para mim. Numa segunda-feira, recebi uma carta da *Golden Days*, uma publicação da Filadélfia destinada ao público infantojuvenil, aceitando uma história que eu havia mandado para eles e contendo um cheque de 5 dólares. Era a primeira vez que uma obra minha era recompensada em espécie; não desperdicei o dinheiro em prodigalidades e também não investi em algo necessário, como botas e luvas. Fui até a cidade e comprei cinco volumes de poesia: Tennyson, Byron, Milton, Longfellow e Whittier. Eu queria algo que pudesse guardar para sempre como lembrança por ter "chegado lá".

Na quarta-feira da mesma semana, ganhei o prêmio de 5 dólares oferecido pelo *Evening Mail* de Halifax pelo melhor artigo sobre o tema "Quem é mais paciente: o homem ou a mulher?".

Meu artigo era escrito em forma de versos, que eu compusera durante uma noite passada praticamente em claro, quando me levantara às 3 horas da manhã para escrever. No sábado, a *Youth's Companion* me enviou um cheque de 12 dólares por um poema. Eu realmente me senti envaidecida com aquela fortuna toda. Nunca em minha vida, até então ou desde então, fui tão rica!

Depois do inverno em Dalhousie, lecionei por mais dois anos, durante os quais escrevi dezenas de histórias, a maior parte publicações para a Escola Dominical e periódicos infantojuvenis. O seguinte registro em meu diário se refere a esse período:

Trabalhei quase que de maneira industrial o verão inteiro e criei histórias e versos em dias tão quentes que achei que minha medula derreteria e que minha massa cinzenta ficaria irremediavelmente cozida. Mas ah, eu amo o meu trabalho! Adoro tecer histórias, adoro sentar junto à janela do meu quarto e transformar em versos uma fantasia de fadas imaginárias. Produzi bastante neste verão e acrescentei vários novos periódicos à minha lista. São bem variados, para atender a todos os gostos. Escrevo muitas histórias infantojuvenis. Gosto desse gênero, mas gostaria mais se não precisasse incluir uma "moral da história". É uma regra, não vendem se não tiver um ensinamento. Portanto, lá colocamos a moral, geral ou sutil, de acordo com a preferência de cada editor. O tipo de história infantojuvenil que eu mais gosto de escrever, e de ler também, é aquele conto interessante, envolvente, "arte por arte", ou melhor, "diversão por diversão", sem uma moral insidiosa escondida como se fosse um comprimido disfarçado em uma colher de geleia!

Não fazia calor o tempo todo enquanto eu escrevia. Durante um daqueles invernos em que eu estava lecionando, me hospedei numa casa de fazenda muito fria. À noite, depois de um dia extenuante na escola, estava cansada demais para escrever. Então eu acordava religiosamente uma hora mais cedo de manhã para isso. Durante cinco meses, me levantava às 6 horas todo dia e me vestia à luz do lampião. As lareiras ainda não estavam acesas, e a casa estava muito fria. Mas eu vestia um casaco pesado, me sentava com as pernas dobradas sob o corpo para que os pés não congelassem e, com os dedos tão duros que eu mal conseguia segurar a caneta, escrevia minha "dose" do dia. Às vezes, era um poema no qual eu louvava alegremente o céu azul, riachos ondulantes e campos floridos! Depois eu descongelava as mãos, comia o desjejum e ia para a escola.

Quando as pessoas me dizem, como fazem ocasionalmente, "Ah, como eu invejo esse seu dom, como gostaria de saber escrever como você", fico imaginando, não sem certo divertimento interior, até que ponto elas teriam me invejado naquelas manhãs frias e escuras de inverno que me serviram de aprendizado.

CAPÍTULO 7

Vovô morreu em 1898 e vovó ficou sozinha na casa. Então desisti de lecionar e fui morar com ela. Em 1901, eu estava começando a ter uma renda razoável com meus escritos, embora não significasse que tudo o que eu escrevia fosse aceito logo na primeira vez. Longe disso. De cada dez manuscritos, nove eram devolvidos. Mas eu continuava a enviá-los para outros editores, até que, mais cedo ou mais tarde, algum os aceitava. Uma outra passagem do meu diário pode servir como uma espécie de marco para mostrar essa minha jornada.

21 de março de 1901

A *Munsey's* chegou hoje com meu poema "Comparações" publicado e ilustrado. Realmente ficou muito bom. Tenho tido bastante sorte ultimamente, pois várias novas e boas revistas estão abrindo as portas para esta pobre e errante ovelha que tenta galgar um caminho espinhoso no mundo da literatura. Sinto que estou melhorando e me aperfeiçoando em relação aos meus versos. Na verdade, seria estranho se não fosse assim, levando em consideração o quanto eu estudo e me esforço. De tempos em tempos, escrevo um poema que serve de marco para enfatizar o meu progresso. Sei, olhando para trás, que não poderia tê-lo escrito seis meses antes, ou um ano, ou quatro anos, assim como não poderia confeccionar uma roupa com um material que ainda não tivesse sido tecido. Escrevi dois poemas esta semana. Eu não teria como escrevê-los um ano atrás, mas agora eles vêm naturalmente. Isso me encoraja a ter esperança de que no futuro eu poderei alcançar algo que valha a pena. Não espero ser famosa. Quero apenas ser reconhecida e ocupar um lugar entre os bons na profissão que escolhi. Isso, acredito sinceramente, é felicidade, e quanto mais difícil vencer, mais doce e duradoura é a vitória.

No outono de 1901, fui mais uma vez para Halifax e, no inverno, trabalhei no *Daily Echo*, a edição vespertina do *Chronicle*. Uma série de trechos do meu diário contará muito bem a história dessa experiência.

11 de novembro de 1901

Estou sozinha aqui no escritório do *Daily Echo*. O jornal foi para o prelo, e as provas para revisão ainda não começaram a descer. Acima de mim, na sala de composição, as máquinas estão bobinando e fazendo um barulho infernal. O exaustor está soprando furiosamente para fora da janela. No escritório interno, dois repórteres estão discutindo. E aqui estou eu – a revisora do *Echo* e uma faz-tudo geral. Uma mudança considerável desde o último registro!

Sou uma jornalista!

Parece bom? Sim, e é! Claro que a realidade tem desvantagens. A vida na redação de um jornal, como em qualquer outro lugar, não é um mar de rosas, mas, no geral, não é uma vida ruim!

Gosto de fazer revisões, apesar de ser tedioso. As manchetes e os editoriais são as minhas pedras no sapato. As manchetes tendem a ser um pouco sórdidas, e o editor chefe tem o péssimo hábito de fazer trocadilhos, que eu normalmente abomino. Apesar de todo o meu cuidado, "erros sempre aparecem", e depois há um preço a pagar. Agora, quando tenho pesadelos, é com manchetes tortas, editoriais enganosos e um chefe enfurecido sacudindo o jornal na frente do meu rosto.

O jornal vai para o prelo às 14h30, mas eu tenho de ficar até as 18h para atender o telefone, receber telegramas e revisar provas extras.

Aos sábados, o *Echo* tem algumas seções extras, entre outras, uma página de "cartas da sociedade". Geralmente cabe a mim editá-las. Não posso dizer que adoro esse trabalho, mas uma coisa que eu positivamente abomino é "falsificar" uma carta da sociedade. Este é um dos truques do jornalismo. Quando acontece de uma carta da sociedade não chegar a tempo de um determinado lugar (por exemplo, de Windsor), o editor de notícias joga um *Windsor Weekly* na minha frente e diz simplesmente: "Faça uma carta da sociedade com o que encontrar aí, srta. Montgomery".

Então a pobre srta. Montgomery docilmente se dedica ao trabalho e cria um parágrafo introdutório falando de "folhas de outono", "dias amenos" e "geadas de outubro", ou qualquer outra coisa do tipo que tenha a ver com a estação. Depois examino cuidadosamente as colunas do jornal, retiro todas as informações pessoais, reúno as notícias sociais, como casamentos, noivados, chás, etc., misturo tudo em estilo epistolar, invento um pseudônimo, e lá está a carta da sociedade! Eu costumava incluir funerais também, mas descobri que o editor de notícias os riscava. Evidentemente, funerais não têm lugar na sociedade.

Então escrevo uma ou duas colunas de parágrafos fúteis para o *Monday's Echo*, a que dou o nome de "Ao Redor da Mesa de Chá" e que assino como "Cynthia".

Meu escritório é uma sala nos fundos com vista para um pátio no meio do quarteirão. Não sei dizer se todas as lavadeiras de Halifax moram em volta desse pátio, mas pelo menos uma boa parte delas deve morar, porque há ali uma rede de varais, sempre repletos das mais diversas peças de roupas balançando ao vento. No chão e nos telhados, os gatos rondam continuamente, e quando brigam, as paredes ressoam com seus bramidos. São quase todos animais magros e famintos, mas um deles é um adorável bichano cinza que se deita no peitoril da janela em frente à minha e que se parece tanto com "Daffy" que, quando olho para ele, sinto vontade de chorar de saudade de casa. Só seguro as lágrimas por medo que deixem uma trilha no meu rosto coberto por uma camada de fuligem. Este escritório é realmente o lugar mais encardido que já vi.

18 de novembro de 1901

Estava difícil arrumar tempo para escrever. Eu não conseguia escrever à noite, estava sempre muito cansada. Além disso, tinha sempre algum botão para pregar ou uma meia para cerzir. Então voltei à antiga prática e tentei me levantar às seis da manhã, mas não funcionou como antes. Eu já não conseguia ir dormir tão cedo como quando era uma professora do interior, e precisava de um mínimo de horas de sono.

Havia somente uma alternativa.

Até então, eu achava que era necessária uma solidão imperturbável para que a chama do gênio se acendesse. Precisava ficar sozinha, o ambiente tinha de estar silencioso. Nunca imaginei que conseguiria escrever qualquer coisa no escritório de um jornal, com rolos de provas aparecendo a cada dez minutos, pessoas entrando e falando, telefones tocando e o ruído de máquinas no andar de cima. Eu teria dado risada da ideia, certamente, teria rido muito, até com uma ponta de desdém. Mas o impossível aconteceu. Concordo agora com o irlandês que disse que você se acostuma a tudo, até a ser enforcado!

Em cada minuto livre que tenho aqui, eu escrevo, e nem fica tão ruim; *Delineator*, *Smart Set* e *Ainslies'* são exemplos disso. Eu me habituei a parar no meio de um parágrafo para responder algo a alguém, ou a interromper a elaboração de uma rima para fazer uma revisão.

Sábado, 8 de dezembro de 1901

Ultimamente, tenho andado Ocupada com O maiúsculo. Cuidando do trabalho do escritório, escrevendo alguma coisa para aumentar um pouco a renda, fazendo presentes de Natal, etc., principalmente etc.

Um dos "etcs." é um trabalho que eu detesto. Faz minha alma se encolher. Já é ruim quando faz o corpo se encolher, quando chega na alma, então, mexe demais com os nervos. A título de gentileza natalina, estamos oferecendo a todas as empresas que anunciam conosco um espaço adicional grátis, elogiando seus artigos, e tenho de visitar todas as lojas, entrevistar os proprietários e resumir de forma clara minhas informações para que se encaixem no espaço adequado. Das 15h às 17h, todas as tardes, percorro a área comercial da cidade, até meu nariz ficar roxo de frio e meus dedos ficarem entorpecidos de tanto fazer anotações.

Quarta-feira, 12 de dezembro de 1901

É uma tarefa que não me agrada em nada, mas ontem tive uma surpresa agradável. Semana passada, fui visitar o Bon Marche, uma tradicional chapelaria de Halifax, para escrever meu elogio, e achei o proprietário muito simpático. Disse que estava encantado com o fato de o *Echo* ter mandado uma mulher, e que, como forma de encorajar o jornal a não se cansar de fazer o bem, me enviaria um dos novos chapéus de passeio se eu fizesse um bom elogio à chapelaria. Achei que ele estivesse brincando, mas de fato, depois que o anúncio foi publicado ontem, o chapéu chegou, e é bem bonitinho.

Quinta-feira, 20 de dezembro de 1901

Todos os trabalhos estranhos que aparecem incompletos neste escritório são entregues a esta copista. E um especialmente singular apareceu ontem.

Os redatores estavam preparando, para a edição semanal, uma história chamada "Um Noivado Real", tirada de um jornal inglês, e quando estavam na metade, perderam o exemplar do jornal. Assim sendo, o editor me pediu para escrever um "final" para aquele texto. A princípio, achei que não conseguiria. O que havia da história não era suficiente para me dar uma ideia de uma possível solução para a trama. Além do mais, meu conhecimento sobre romances da realeza é limitado, e não costumo escrever com leviandade e irreverência sobre reis e rainhas.

Entretanto, comecei e, não sei como, consegui. Hoje ficou pronto, e ninguém irá perceber onde está a "emenda". Só fico imaginando se isso for parar nas mãos do autor, o que ele vai pensar.

Cabe aqui uma observação; mais de dez anos depois, deparei-me com uma cópia da história original em um velho álbum de recortes e me diverti muito ao descobrir que o desenvolvimento da história original não poderia ser mais diferente daquele que inventei.

Quinta-feira, 27 de dezembro de 1901

O Natal acabou. Eu estava com um pouco de medo, pois esperava me sentir a própria forasteira numa terra estranha. Mas, como de costume, a expectativa foi superada pela realidade. Eu me diverti bastante, embora não tenha sido nada muito empolgante, a ponto de representar risco de morte, ou de me ferir, nem nada disso, o que, é claro, foi ótimo.

Tive folga, a primeira desde que cheguei aqui, e por isso passei o dia todo com a impressão de que era domingo. Almocei no *Halifax* com B. e passei a tarde com ela. À noite, fomos à ópera para assistir a *The Little Minister*. Foi bom, mas não tanto quanto o livro. Não aprecio muito romances encenados, eles sempre abalam a ideia que eu tinha formado dos personagens. Além disso, eu precisava escrever uma crítica sobre a peça e o elenco para o *Chronicle*, algo que não gosto nem um pouco.

Sábado, 29 de março de 1902

Esta semana foi péssima, com chuva, neblina e nevralgia. Mas sobrevivi. Fiz revisões, dissequei manchetes, discuti com redatores e troquei piadas com o editor naval. Escrevi vários versos para enviar para avaliação e tentar ganhar uns trocados, mas escrevi também um poema de verdade, do fundo do meu coração.

Não gosto muito de escrever só pelo dinheiro. Mas sinto uma alegria imensa em escrever algo bom, uma materialização adequada da arte que eu adoro. O editor de notícias acabou de me encarregar de uma tarefa para amanhã. É domingo de Páscoa, e tenho de escrever sobre a procissão em Pleasant Street após o culto, para o *Monday's Echo*.

Dia de Ramos, 3 de maio de 1902

Passei a tarde "aperfeiçoando" um romance para ajudar o editor de notícias. Quando ele estava de férias, seu substituto começou a publicar uma série no *Echo* chamada "Debaixo da Sombra". Em vez de optar por contos avulsos, como deveria ter feito, ele simplesmente comprou um romance melodramático e o usou. Era muito longo e estava mais ou menos na metade quando o editor retornou. Então, como os capítulos durariam o verão inteiro se fosse mantida a forma original, fui encarregada de cortar sem dó nem piedade tudo que fosse desnecessário. Segui as instruções, cortando a maior parte dos beijos e abraços, dois terços das cenas de amor e todas as descrições, com o feliz resultado de ter reduzido a história para cerca de um terço do tamanho original, e tudo que posso dizer é "Senhor, tende misericórdia da alma da redatora que condenou esta história à sua atual condição, tão mutilada".

Sábado, 31 de maio de 1902

Esta noite dei risada sozinha. Eu estava no bonde, e duas moças a meu lado falavam sobre a série que tinha acabado de terminar no *Echo*. "Sabe", disse uma delas, "é a história mais estranha que já li. Ficou se arrastando, por semanas, e nunca chegava a lugar algum; e de repente acabou, em oito capítulos, *vapt-vupt*. Não dá para entender!".

Eu poderia ter solucionado o mistério, mas não o fiz.

CAPÍTULO 8

Em junho de 1902, voltei para Cavendish, onde permaneci por nove anos ininterruptos. Durante os dois primeiros anos após meu retorno, escrevi apenas contos e periódicos, como antes. Mas eu estava começando a pensar em escrever um livro. Sempre fora minha esperança e ambição escrever um livro, mas parecia que eu nunca conseguia começar.

Sempre achei difícil começar uma história. Depois que escrevo o primeiro parágrafo, porém, sinto como se já tivesse feito a metade. O resto vem fácil. Portanto, começar um livro parecia uma tarefa fantástica. Além disso, eu não conseguia arrumar tempo para escrever. Praticamente não tinha tempo livre, e nunca houve um momento em que eu me sentasse e dissesse para mim mesma "Vamos lá! Aqui estão as canetas, papel, tinta e uma trama. Vou escrever um livro". Não era assim, simplesmente "acontecia".

Eu tinha um caderno no qual sempre anotava, à medida que me ocorriam, ideias de enredos, incidentes, personagens e descrições. Na primavera de 1904, estava lendo esse caderno à procura de uma ideia para uma série curtinha que queria escrever para a publicação periódica de uma Escola Dominical. Encontrei uma anotação meio desbotada, escrita muitos anos antes: "Casal de idosos solicita a orfanato a adoção de um menino. Por engano, eles mandam uma menina". Achei que aquilo serviria. Comecei a separar os capítulos, a selecionar incidentes e a caracterizar minha heroína. Anne, cujo nome não foi planejado, surgiu naturalmente em minha imaginação, inclusive com o "e", começou a se expandir de tal maneira que logo parecia uma pessoa real para mim e passou a fazer parte do meu dia a dia, com uma intensidade fora do comum. Ela me atraía, e achei que seria uma pena desperdiçá-la em uma série curta e efêmera. Então surgiu o pensamento: "Escreva um livro. Você já tem a ideia central, tudo que precisa fazer é espalhá-la por um número de capítulos suficiente para ser um livro".

O resultado foi *Anne de Green Gables*. Escrevia à noite, depois do trabalho, na maioria das vezes junto à janela na água-furtada do quarto que havia sido meu por tantos anos. Comecei, como já disse, na primavera de 1904. Terminei no outono de 1905.

Desde que meu primeiro livro foi publicado, sou perseguida pela pergunta: "Este ou aquele é o original deste ou daquele no seu livro?". E pelas minhas costas não colocam a frase na forma interrogativa, mas na afirmativa. Conheço muitas pessoas que afirmaram conhecer muito bem os "originais" dos meus personagens. Bem, da minha parte, nunca, em todos os anos em que estudei a natureza humana, conheci alguém que pudesse, como um todo, ser colocado em um livro sem prejudicar a história. Qualquer artista sabe que retratar *exatamente* uma pessoa da vida real é dar uma impressão falsa. *Estudar* a vida, sim, é o que o artista deve fazer, copiar traços, características, idiossincrasias pessoais ou mentais, "fazer uso do real para aperfeiçoar o ideal".

Mas o ideal deve estar por trás e além de tudo mais. O escritor deve *criar* seus personagens, ou eles não serão verossímeis.

Com uma única exceção, eu nunca retratei alguém da vida real em um livro. Essa exceção foi "Peg Bowen" em *The Story Girl*. E mesmo assim, dei um toque adicional, floreei um pouco. Usei lugares reais em meus livros e muitos incidentes da vida real. Mas até agora dependi inteiramente do meu poder criativo e da minha imaginação para caracterizar meus personagens.

"Avonlea" era Cavendish, até certo ponto. A Trilha dos Amantes era uma alameda muito bonita que atravessava o bosque em uma fazenda vizinha. Era um lugar aonde eu adorava ir, quando pequena. A estrada da orla existe de verdade, entre Cavendish e Rustico. Enquanto a Trilha Branca das Delícias, Wiltonmere e o Vale das Violetas foram transplantados de propriedades de castelos imaginários na Espanha. Muitos acreditam que o Lago das Águas Cintilantes seja a lagoa de Cavendish, mas não é. O lago que eu tinha em mente é o de Park Corner, para baixo da casa de tio John Campbell. Mas é possível que boa parte dos efeitos de luz e sombra que vi na lagoa de Cavendish tenham influenciado inconscientemente minhas descrições. O hábito de Anne de dar nome aos lugares era meu, de muito tempo. Eu dava nome a todos os cantos e recantos que achava bonitos na antiga fazenda. Lembro que havia a Terra das Fadas, a Terra dos Sonhos, o Palácio de Pussy-Willow, a Terra de Ninguém, o Solar da Rainha e muitos outros. A Bolha das Dríades era puramente imaginária, mas a Velha Ponte da Árvore era real. Era uma grande árvore que foi derrubada pelo vento e ficou atravessada sobre o córrego. Foi usada como ponte pela geração anterior à minha e acabou ficando oca depois de tantos passos que atravessaram sobre ela. A terra entrou pelas fendas, e samambaias e gramíneas criaram raízes e cresceram, adornando profusamente o tronco. Uma camada de musgo aveludado cobria as laterais, e embaixo passava um veio d'água profundo e cristalino, banhado pelo sol.

Katie Maurice de *Anne* foi criação minha. Em nossa sala de estar, tínhamos uma estante que era usada como armário de louça. Em cada porta, havia um grande espelho oval, que refletia vagamente a sala. Quando eu era bem pequena, cada reflexo meu nesses espelhos era uma "pessoa de verdade" na minha imaginação. O reflexo na porta da esquerda era Katie Maurice, e o da direita era Lucy Gray. Por que dei esses nomes, não faço ideia. Lucy Gray não tinha nenhuma relação com *Baladas Líricas* de William Wordsworth, já que eu ainda não havia lido o livro naquele tempo. Na verdade, não tenho lembrança de ter inventado deliberadamente esses nomes. Até onde tenho consciência, Katie Maurice e Lucy Gray moravam na sala das fadas atrás do armário. Katie Maurice era uma menininha como eu, e eu a amava muito. Ficava diante daquele espelho e conversava com ela por horas, fazendo e ouvindo confidências. Eu gostava de fazer isso especialmente ao anoitecer, quando a lareira já estava acesa e a sala e seus reflexos eram um glamour de luz e sombra.

Lucy Gray era adulta e viúva! Eu não gostava dela tanto quanto de Katie. Ela estava constantemente triste e sempre tinha histórias sinistras para me contar, sobre seus problemas; mesmo assim, eu a visitava com frequência, para não ferir seus sentimentos, porque ela tinha ciúme de Katie, que também não gostava dela. Tudo isso parece um grande absurdo, mas não sei explicar como era real para mim. Nunca passei por aquela sala sem acenar para Katie do outro lado.

O notável incidente do bolo de linimento aconteceu quando eu lecionava em Bideford e me hospedava no presbitério metodista. Certo dia, a encantadora governanta que trabalhava lá aromatizou uma camada do bolo com linimento analgésico. Nunca me esquecerei daquele gosto e de como nos divertimos com isso, pois o equívoco não foi descoberto até a hora do chá. Nesse dia, estava lá, para o chá, um pastor meio estranho e ele comeu até a última migalha de seu pedaço de bolo.

O que passou pela cabeça dele nós nunca soubemos. Deve ter imaginado que era apenas um novo tipo de aromatizante barato.

Várias pessoas me disseram que lamentaram a morte de Matthew em *Green Gables*. Eu mesma lamento também. Se escrevesse o livro hoje, pouparia Matthew por muitos anos mais, mas quando escrevi, achei que ele devia morrer, que havia uma necessidade de autossacrifício da parte de Anne, por isso Matthew se juntou à longa procissão de fantasmas que assombram meu passado literário.

Bem, finalmente meu livro estava terminado. O próximo passo era encontrar um editor para publicá-lo. Eu mesma o datilografei, na minha velha máquina de escrever de segunda mão que nunca escrevia as letras maiúsculas inteiras e que não registrava o "w" de jeito nenhum, e o enviei para uma empresa americana nova que recentemente havia se destacado com vários *best sellers*. Achei que teria mais chance com uma editora nova do que com uma já estabelecida que já tivesse sua lista de autores preferidos. Mas a editora nova imediatamente devolveu o manuscrito. Então enviei para uma das antigas, "já estabelecidas", e esta também o devolveu. Depois enviei para outras editoras, uma de cada vez, e todas devolveram. Quatro delas com uma fria cartinha de recusa; uma delas escreveu que "Nossos avaliadores relataram ter encontrado algum mérito em sua história, porém não o suficiente para que seja aceita".

Isso acabou comigo. Guardei *Anne* em uma caixa velha de chapéu dentro do armário, decidindo que um dia, quando tivesse tempo, a reduziria para os sete capítulos originais. Nesse caso, eu tinha quase certeza de que conseguiria pelo menos trinta e cinco dólares pela história, talvez até quarenta.

O manuscrito ficou na caixa de chapéu até um dia de inverno, quando, ao remexer no armário, eu o encontrei. Comecei a folhear, lendo um pedaço aqui, outro ali. Não parecia tão ruim. "Vou tentar mais uma vez", pensei. O resultado foi que, poucos meses depois, já havia em meu diário um registro comemorando o fato de meu livro ter sido aceito. Depois de experimentar um natural sentimento de júbilo, escrevi:

"O livro pode fazer sucesso, ou não. Eu o escrevi por amor, não por dinheiro, mas muitas vezes esses livros são os mais bem-sucedidos, assim como qualquer coisa que é feita com amor verdadeiro, e como nada que seja construído com fins lucrativos consegue ser.

Bem, escrevi meu livro! O sonho que sonhei tanto tempo atrás, sentada naquela carteira marrom na escola, finalmente se realizou, depois de anos de luta e labuta. E a realização é doce, quase tão doce quanto o sonho."

Quando escrevi sobre o livro ter sucesso ou não, eu tinha em mente um sucesso moderado, em comparação com o que ele realmente obteve. Nunca imaginei que agradaria a jovens e idosos. Achei que meninas adolescentes gostariam de lê-lo, era a única faixa etária que eu esperava alcançar. Mas recebi cartas de homens e mulheres que já eram avós dizendo como tinham amado *Anne*, e também de rapazes universitários. No mesmo dia em que estas palavras são escritas, chegou para mim uma carta de um rapaz inglês de 19 anos, totalmente desconhecido para mim, contando que estava de partida para o *front* e que queria me dizer, "antes de ir", o quanto meus livros, e especialmente *Anne*, significaram para ele. É com essas cartas que um escritor se sente recompensado por todo o sacrifício e todo o trabalho.

Bem, *Anne* foi aceito; mas tive de esperar mais um ano para que fosse publicado. Então, em 20 de junho de 1908, escrevi em meu diário:

"Hoje foi, como a própria Anne diria, 'uma época em minha vida'. Meu livro chegou hoje, 'novo em folha', da editora.

Confesso sinceramente que foi para mim um momento maravilhoso, de orgulho e muita emoção. Ali, nas minhas mãos, estava a realização material de todos os sonhos, esperanças e ambições de toda a minha existência consciente – meu primeiro livro. Não um grande livro, mas meu, meu, meu, algo que eu havia criado."

Recebi centenas de cartas do mundo inteiro por causa da série *Anne*. Cerca de uma dúzia delas vieram endereçadas, não a mim, mas à "Senhorita Anne Shirley, de Green Gables, Avonlea, Ilha do Príncipe Edward". Eram escritas por meninas que acreditavam tão piamente na existência real em carne e osso de Anne que eu tinha dó de desmentir. Algumas cartas eram decididamente divertidas. Uma delas começava de maneira impressionante: "Meu querido tio há muito perdido", e a remetente passou então a se dirigir a mim como se eu fosse o Tio Lionel, que aparentemente havia desaparecido anos atrás. Ela me pediu para escrever para minha "afetuosa sobrinha" e explicar o motivo do meu longo silêncio. Várias pessoas me escreveram dizendo que suas vidas dariam histórias bem interessantes, e que se eu concordasse em escrever e dar a elas metade do lucro, me contariam "os fatos"! Respondi somente a uma dessas cartas, escrita por um rapaz que havia mandado selos para a resposta. Para não magoá-lo, expliquei que não necessitava de material, pois já tinha livros planejados que levariam pelo menos dez anos para serem escritos. Ele respondeu de volta dizendo que era muito paciente e que não se importava de esperar dez anos; que voltaria a escrever depois desse tempo. Portanto, se a minha criatividade se esgotar, sempre posso recorrer ao que esse moço me garantiu ser "uma história de vida emocionante"!

Green Gables foi traduzido para o sueco e para o holandês. Meu exemplar da edição sueca sempre me traz o inestimável benefício de uma boa risada. A imagem da capa é uma figura de corpo inteiro de Anne, usando um chapeuzinho de sol, carregando a famosa mochila e com o cabelo de um vermelho intenso!

Com a publicação de *Green Gables*, minha luta terminou. Publiquei seis romances desde então. *Anne de Avonlea* foi publicado em 1909, seguido em 1910 por *Kilmeny of the Orchard*[7]. Esta última história, na realidade, foi escrita vários anos antes de *Green Gables* e foi publicada como série em uma revista americana, com outro título. Portanto, alguns críticos me divertiram, e não pouco, ao dizer que o livro mostrava "a insidiosa influência da popularidade e do sucesso" em seu estilo e trama!

The Story Girl foi escrito em 1910 e publicado em 1911. Foi o último livro que escrevi em meu antigo lar, junto à janela da água-furtada onde passei tantas horas felizes criando histórias. É o meu favorito entre meus livros, o que me proporcionou mais alegria ao escrever, cujos personagens e paisagens parecem os mais reais para mim. Todas as crianças no livro são puramente imaginárias. O velho "Rei Pomar" foi uma combinação do nosso pomar em Cavendish e do pomar de Park Corner. "Peg Bowen" foi inspirada em uma mulher meio cigana, com problemas mentais, que durante muitos anos perambulou pela ilha e que era o terror da minha infância. Nós, crianças, éramos sempre ameaçadas de que, se não nos comportássemos, ela nos pegaria. A ameaça não nos fazia bem algum, só nos deixava apavorados e infelizes.

A pobre Peg era realmente inofensiva, desde que não fosse provocada ou incomodada. Se fosse, podia ser bastante cruel e vingativa. No inverno, ela vivia numa pequena cabana no bosque, mas quando chegava a primavera, o fascínio do ar livre era uma tentação, e ela iniciava uma peregrinação que durava até o retorno do inverno. Era conhecida na maior parte da ilha. Andava descalça e com a cabeça descoberta, fumava

---

7 "Kilmeny do Pomar", em tradução livre. (N.E.)

um cachimbo e contava histórias extraordinárias de suas aventuras em vários lugares. Uma vez ou outra, ela aparecia na igreja e percorria a nave com um jeito desinibido, até um lugar privilegiado. Nunca usava chapéu ou sapatos nessas ocasiões, mas quando queria ficar realmente com uma boa aparência, pulverizava rosto, braços e pernas com *farinha*!

Como eu já disse, a história de Nancy e Betty Sherman foi baseada em fatos reais. A história do capitão do *Fanny* também é literalmente verdadeira. A heroína ainda é viva, ou pelo menos era até poucos anos atrás, e ainda conserva boa parte da beleza que conquistou o coração do capitão. "The Blue Chest of Rachel Ward[8]" foi outro conto real. Rachel Ward era Eliza Montgomery, uma prima de meu pai, que morreu em Toronto alguns anos atrás. A arca azul ficou na cozinha da casa de tio John Campbell em Park Corner, desde 1849 até a morte dela. Nós, crianças, ouvimos muitas vezes a história da arca e especulávamos e sonhávamos o que haveria ali dentro, enquanto sentávamos nela para fazer o dever de casa ou comer petiscos antes de dormir.

---

8 "A Arca Azul de Rachel Ward". (N.T.)

CAPÍTULO 9

No inverno de 1911, vovó Macneill morreu, com 87 anos de idade, e a casa foi fechada. Fiquei em Park Corner até julho; e no dia 5 de julho, me casei. Dois dias depois, meu marido e eu embarcamos no *Megantic*, em Montreal, para uma viagem às Ilhas Britânicas, outro "sonho que se tornou realidade", pois eu sempre desejei visitar a terra dos meus antepassados. Alguns trechos do meu diário dessa viagem podem ser interessantes.

Glasgow, 20 de julho de 1912
Na quinta-feira à tarde, saímos num passeio para Oban, Staffa e Iona. Fomos de trem até Oban, e as paisagens são lindíssimas, especialmente nas margens de Loch Awe, com seu castelo em ruínas. Lindas, sim! E no entanto, nem lá nem em nenhum outro lugar da Inglaterra ou da Escócia, vi um cenário mais bonito do que aquele que se via em casa, à noitinha, do alto da "velha colina da igreja" olhando para o porto de New London. Por outro lado... não temos castelos em ruínas por lá, nem os séculos de romance que eles representam!

O Caminho Alpino

Oban é uma cidadezinha pitoresca, uma orla de casas construídas ao longo de um cais do porto interior, com montanhas de encostas arborizadas elevando-se atrás. Na manhã seguinte, fomos de barco para Iona. Foi um dia tipicamente escocês, ora ensolarado, ora chuvoso ou com neblina. Por algumas horas, apreciei bastante a viagem. A paisagem inóspita e acidentada do cabo, da baía, da ilha e das montanhas, tudo isso, salpicado de castelos em ruínas e cobertos de hera, era um panorama em constante mudança e de muito interesse, povoado pelas sombras do passado.

Havia também uma excursão de turistas franceses a bordo. Eles tagarelavam incessantemente. Um senhor em particular, com simpático rosto bronzeado e olhos pretos brilhantes, parecia ser o expoente-chefe do grupo. Eles se envolviam repetidamente em discussões, e quando a exaltação chegava a um certo grau de intensidade, ele se levantava, confrontava o grupo, sacudia os braços, o guarda-chuva e o guia de viagem e se impunha de maneira autoritária.

À medida que a manhã avançava, porém, comecei a perder o interesse em tudo. Castelos em ruínas, montanhas imponentes, cascatas alvas, fantasmas e turistas franceses, tudo perdeu o charme. Mais cedo, eu tinha ficado bastante preocupada porque soube que talvez não fosse possível parar em Staffa, por causa da maré agitada, e eu queria tanto conhecer a Gruta de Fingal! Mas agora não queria mais saber de Gruta de Fingal, não queria saber de nada. Pela primeira vez na vida, sentia-me terrivelmente enjoada.

O barco acabou parando em Staffa, afinal, e dois botes foram até a praia. Deixei-os ir. Não me importava nem um pouco. As ondas não teriam me assustado, a chuva não teria me atrapalhado, mas aquele enjoo...!

Entretanto, o barco ficou parado e em silêncio, e comecei a me sentir melhor. Quando os botes retornaram pela segunda vez, eu estava bem e já achando que era de suma importância visitar a Gruta de Fingal. Entrei no bote, toda animada, e observei os remadores levarem a mim e outros passageiros até as pedras de Clamshell Cave. Dali tivemos de percorrer um caminho acidentado que parecia interminável, mas, na verdade, não deveria ter mais de 400 metros, por entre as rochas de basalto molhadas e escorregadias que margeiam a orla, tendo de segurar em uma corda amarrada nas pedras, nos trechos mais difíceis. Graças às minhas estrepolias da infância em Cavendish, escalando as pedras na praia, eu me saí muito bem e até ganhei um elogio do guia, um homem que raramente sorria; alguns dos turistas, porém, escorregaram de maneira alarmante. Nunca esquecerei dos gritos e tombos do cavalheiro francês.

Ninguém, no entanto, caiu do barranco nem se machucou, e, por fim, nos vimos diante da Gruta de Fingal e nos sentimos recompensados pelo esforço.

É um lugar lindo e majestoso, como uma imensa catedral gótica. É difícil acreditar que tenha sido formado por uma ação da natureza. Acho que todos ali se sentiram maravilhados; até os turistas franceses ficaram em silêncio por algum tempo. Enquanto eu estava ali ouvindo o eco solene e profundo das ondas, a lembrança de um versículo das Escrituras me veio à mente: "Aquele que habita os salões da eternidade". E me pareceu que eu realmente estava em um templo do Todo-Poderoso que não havia sido construído por mãos humanas.

Depois prosseguimos para Iona e lá também desembarcamos para uma rápida exploração. Iona é interessante como o cenário do ministério de São Columba. A antiga catedral ainda está lá.

O Caminho Alpino

O que mais me interessou foi o local de sepultamento dos primeiros reis escoceses, cerca de sessenta deles, segundo dizem, sendo que o último foi aquele Duncan, que foi assassinado por Macbeth. Foram enterrados com muita simplicidade, aqueles guerreiros dos tempos antigos. Ali jazem eles, no cemitério de sua ilha, sob o séu cinzento. Nem "urna histórica ou busto animado[9]" marca seu local de repouso. Cada túmulo é coberto apenas por uma laje de pedra entalhada e desgastada. Não obstante, eles dormem profundamente, embalados pelo murmúrio eterno das ondas ao redor.

Eu gostaria de ter passado mais tempo em Iona, perambulando sozinha entre suas ruínas assombradas e conhecendo melhor seus habitantes excêntricos. Não é muito prazeroso passar apressadamente por lugares assim, no meio de um numeroso grupo de turistas tagarelas e barulhentos. Para mim, pelo menos, a solidão é necessária para realmente apreciar locais como esses. Preciso estar sozinha, ou com poucas "almas afins", para poder sonhar e refletir, e trazer de volta à vida os homens e mulheres que viveram ali no passado e tornaram esses locais famosos.

Voltamos ontem para Glasgow, de barco, em meio a um sem-fim de belas paisagens. Eu estava muito cansada quando chegamos ao hotel. Mas o cansaço se dissipou quando encontrei as cartas de casa. Que sensação boa recebê-las em uma terra estrangeira! Elas formam uma ponte sobre a imensidão do oceano, e eu vi as colinas de Cavendish e o verde-escuro do bosque de abetos de Park Corner. Ah! Por mais lindo que seja o velho mundo, a terra natal é melhor.

---

9   Verso do poema "Elegia escrita em um cemitério rural", de Thomas Gray. (N.T.)

30 de julho de 1912

Royal Hotel, Prince's St., Edimburgo

Na segunda-feira, fomos para Ayr com um guia de excursão. Via de regra, não gostamos de excursões e, sempre que podemos, vamos por nossa conta. Mas esse passeio foi agradável, já que só havia um outro casal além de nós e eram canadenses, sr. e sra. T., de Ontario. O guia também era muito bom. Duas coisas atrapalharam um pouco a diversão do dia: choveu a maior parte do tempo e eu estava com uma nevralgia facial incômoda. Mas, apesar desses dois inconvenientes, apreciei muito visitar aquele lugar encantado e sagrado. Vimos o quarto, o pequeno e humilde quarto de teto baixo onde um dia o filho de um fazendeiro "nasceu monarca por direito divino", e exploramos as ruínas do antigo Alloway Kirk, eternizado pelas aventuras de Tam O'Shanter[10].

Depois fomos ao monumento de Robert Burns, apenas porque estava no roteiro de pontos turísticos e o guia tinha de cumprir o itinerário. Não tenho interesse em monumentos. Acho-os entediantes demais, mas duas coisas nesse monumento despertaram meu interesse: uma mecha do cabelo loiro de Highland Mary[11] e a Bíblia sobre a qual ela e Burns juraram lealdade um ao outro em seu encontro de despedida. Pobre e doce Highland Mary! Imagino que ela não passasse de uma graciosa moça do campo, não mais doce nem mais bonita do que milhares de outras donzelas que viveram e morreram, ainda que saudosas, pelo menos anônimas e não homenageadas. Mas um grande gênio lançou sobre ela o halo de seu amor, e eis... Ela é uma das belas damas imortais do antigo romance que sempre será lembrado por causa do homem que a

---

10 Personagem do poema narrativo escrito pelo poeta escocês Robert Burns em 1790. (N.T.)
11 Canção composta em 1792 pelo poeta escocês Robert Burns. É um dos três trabalhos dedicados a Mary Campbell, por quem Burns foi apaixonado. (N.T.)

amou. É como Laura e Beatrice, e como Stella, Lucasta, Julia[12], e como a dama desconhecida do soneto de Arvers[13].

Na quarta-feira, fomos aos Trossachs. Esta é uma das expedições com as quais sonhei a vida inteira, desde que li o poema "A Dama do Lago[14]" nos tempos de escola. Sentada em minha velha carteira, eu sonhava com a paisagem de colinas, lagos e trilhas, onde Ellen vivia, e Fitz-James perambulava, e Roderick Dhu meditava como uma nuvem de tempestade sobre uma colina das Terras Altas. E fiz um pacto comigo mesma de que, no dia em que tivesse condições, iria conhecer esse lugar.

Atravessamos Loch Lomond de barco até Inversnaid, e de lá pegamos coches por um percurso de cerca de oito quilômetros até Loch Katrine. De todos os meios de transporte que já conheci, o coche é o que gosto mais. É melhor do que o automóvel a motor. Logo chegamos a Stronachlachar, que apesar do nome, é um lugar adorável, e então fomos de barco ao longo de Loch Katrine até o cais de Trossachs.

Não sei dizer se Loch Katrine me desapontou ou não. Acho que sim, um pouco. É tão bonito como imaginei, mas não era o *meu* Loch Katrine, não exatamente o Loch Katrine do meu "Chateau en Espagne". E me ressenti dessa diferença, como alguém poderia se ressentir de mudanças feitas na casa da infância ao voltar depois de longos anos.

A parte mais baixa do lago é certamente bem menor do que a ideia que eu tinha, conforme a transmitida pelo poema. E a famosa "Faixa de Prata" é insignificante agora. Desde a instalação do sistema hidráulico de Glasgow, o lago subiu vários metros e

---

12 Personagens de romances e poemas famosos. (N.T.)
13 O "Soneto de Arvers", de Alexis-Félix Arvers, foi escrito em 1831 e publicado em 1833. Traduzido milhares de vezes para os mais diversos idiomas, inspirou livros e peças de teatro. É considerado o mais belo soneto do século XIX. (N.T.)
14 Poema "The Lady of the lake", Canto V, de Sir Walter Scott, 1884. (N.T.)

cobriu a "praia de seixos brancos como a neve". Eu trouxe alguns comigo, de lembrança. Mas acho que continuarei pensando no Loch Katrine que eu imaginava, o de "A Dama do Lago". Gosto mais desse do que do real.

Atravessamos os Trossachs de coche, até o hotel. Os Trossachs são um lugar lindo e grandioso, e talvez, antes da construção da estrada, fosse bastante ermo, e especialmente selvagem para algum andarilho noturno que teria todos os motivos para temer os "saqueadores das montanhas". Mas está longe de ser o vale inóspito e acidentado da minha imaginação. Não, não foi nesse lugar que eu tantas vezes perambulei com Fitz-James.

O hotel fica em um local encantador, na orla de Loch Achray.

"Como podemos encontrar em terra estrangeira
    Um lago tão solitário, e tão doce cachoeira?"

No entanto, Loch Achray também era menor do que eu esperava. Caminhamos pela margem naquela noite, até o "Brig o' Turk," colhendo urzes e jacintos ao longo do caminho. Os jacintos escoceses são, sem dúvida, as flores mais delicadas! Parecem a própria encarnação do romantismo da Escócia antiga.

Na manhã seguinte, andamos pelos Trossachs até Loch Katrine debaixo de chuva e contratamos um dos barqueiros para nos levar até "Ellen's Isle". Acho que não gostei muito porque essa também não era a ilhota dos meus sonhos, e tive consciência de uma frustração um tanto ridícula.

Ben Venue, entretanto, não me decepcionou. É uma montanha que domina a paisagem. A qualquer lugar que fôssemos, lá estava a velha Ben Venue, escarpada e maciça, com uma coroa de nuvens rodeando o pico nevado. Lamento demais que a noite que passamos lá estivesse chuvosa. Teria adorado ver o efeito do pôr do sol em Ben Venue.

O Caminho Alpino

6 de agosto de 1912

Na segunda-feira de manhã, fomos de trem para Melrose e depois de coche, por cerca de dez quilômetros, numa belíssima estrada até Abbotsford. Embora tenhamos ido por nossa própria conta, não foi possível evitar nos juntarmos a uma excursão, e isto de certa forma estragou o passeio para nós. Mas a paisagem ao longo da estrada é exuberante, e vimos as montanhas Eildon, repartidas em três pelo feitiço de alguma magia. Abbotsford é mais interessante, repleta de relíquias com as quais eu teria adorado sonhar em solidão, mas não foi possível. Os cômodos estavam lotados de pessoas barulhentas, conduzidas por um guia que falava demais. Imaginei se Walter Scott teria gostado de ver sua residência invadida por uma horda de turistas curiosos.

De Abbotsford fomos para Dryburgh, onde Scott está enterrado. Lá conseguimos escapar dos excursionistas e desfrutamos duplamente a magnífica ruína. Depois retornamos para Melrose e exploramos as ruínas da abadia. Não pudemos seguir o conselho de Scott, no qual nunca acreditei que ele tivesse falhado, segundo afirmam, de contemplá-las ao luar. Mas na claridade melíflua, cinza-dourada do crepúsculo, eram bem bonitas, um cenário lindo e triste, com os botões de jacinto crescendo entre as ruínas e por cima das velhas sepulturas. Michael Scott está supostamente sepultado lá, e também está enterrado ali o coração de Robert Bruce, que sem dúvida repousa tão serenamente como se estivesse, conforme o desejo dele, no solo da Terra Santa.

Ainda existem algumas esculturas maravilhosas em Melrose, e a pequena mão no alto de um dos arcos é tão sugestiva quanto bonita. De que bela dama será a delicada mãozinha cinzelada ali na pedra resistente? Não se pode deixar de pensar que tenha sido esculpida por um amante. Na quarta-feira, partimos para

Inverness, mas paramos no caminho para visitar Kirriemuir, terra natal retratada nas histórias de Barrie. Eu queria particularmente conhecer o recanto onde Sentimental Tommy e seus amigos realizavam suas deliciosas festas. É um lugar encantador. Um detalhe sobre ele me fez sentir em casa: os caminhos, que Barrie chama de "rosa", são do mesmo tom vermelho de nossas estradas na ilha. Eu poderia ter me imaginado andando nos bosques ao redor da Trilha dos Amantes.

CAPÍTULO 10

De todos os lugares que havíamos visitado na Escócia até então, Inverness foi o que mais gostei. Por si só, é apenas uma cidadezinha cinzenta, mas as paisagens adjacentes são magníficas.

Fomos até Culloden na noite de nossa chegada, e o caminho é daquele tipo inesquecível, de tão agradável. A estrada é extremamente encantadora, e tivemos sorte com o motorista que nos levou, um senhor simpático e gentil que conhecia toda a história do lugar e todas as lendas, e estava mais que disposto a nos contar tudo, com seu delicioso sotaque escocês.

No dia seguinte, visitamos Tomnahurich, o famoso cemitério de Inverness. Merece a fama que tem; tenho certeza de que deve ser o cemitério mais bonito do mundo. É uma vasta colina fora da cidade, que se eleva em um cone perfeito, densamente coberto por arvoredos. O nome é uma palavra gaélica que significa "a colina das fadas", e com certeza deve ter sido outrora um local de encontro em um reino de fadas para as festas de Titânia. Visto ao entardecer, contra o céu do crepúsculo, parece um autêntico império da Terra do Velho Romance.

Voltamos pelo Canal Caledoniano para Fort William, e de lá pegamos o trem. Os efeitos do pôr do sol nas montanhas ao longo do caminho foram espetaculares. Se eu vivesse perto das montanhas, mesmo que por pouco tempo, sei que aprenderia a amá-las *quase* tanto quanto amo o mar.

13 de agosto de 1912
Na última segunda-feira, visitamos a Capela de Roslin. É um maravilhoso espécime de construção gótica em perfeito estado de conservação. É a capela da balada de Scott, "Fair Rosabelle":

"Parecia em chamas a capela altiva
Onde jazem descobertos os chefes de Roslin."

Na quarta-feira, deixamos Edimburgo e fomos para Alloa visitar uns amigos. Na quinta-feira, "fizemos" Dollar Glen. Eu nunca tinha ouvido falar desse lugar até o sr. M. de Alloa nos contar sobre ele, e, no entanto, é um dos locais mais inóspitos e grandiosos que vimos em toda a Escócia. Se Walter Scott o tivesse tocado com sua genialidade, seria tão conhecido quanto os Trossachs. Na verdade, é muito parecido com o que eu imaginei que os Trossachs seriam. Dollar Glen é como uma fenda profunda no coração da montanha.

Stirling e Abbey Craig na sexta-feira, lugares repletos de romantismo. Ontem, viemos a Berwick para passar uma semana no país de Marmion[15].

O sr. M. e a srta. A. vieram conosco. Berwick é uma cidade pitoresca, muito antiga. Como estamos do lado de Spittal, quando

---
15 "Marmion, A Tale of Flodden Field", de Walter Scott, romance histórico do século XVI publicado em 1808. (N.T.)

queremos ir a qualquer lugar, temos de atravessar junto à foz do rio com um dos cerca de meia dúzia de excêntricos barqueiros que alugam barcos a remo. Ontem à noite, saímos para caminhar ao longo da margem, sob o luar. É lindo, mas tão parecido com a orla de Cavendish que me deixou melancólica de tanta saudade.

Carlisle, 20 de agosto

Estamos passando o domingo em Carlisle por força das circunstâncias, uma vez que não foi possível ir mais longe ontem à noite devido à greve de ferroviários que está paralisando a Grã-Bretanha já há uma semana. Em Berwick, não sentimos as consequências nem nos preocupamos com isso. Deixamos o mundo exterior literalmente do lado de fora e vivemos em reinos românticos onde os barcos e nossas próprias pernas eram os únicos meios de transporte desejados.

Na última segunda-feira, fomos a Holy Island e exploramos as ruínas da antiga abadia que foi o cenário da morte de Constance de Beverley em *Marmion*. O trajeto de barco até Holy Island foi agradável, mas a volta foi bem diferente. O mar estava agitado, e como balançou aquele malfadado barco, inclinando-se ora para um lado ora para o outro! Os dois cavalheiros passaram tão mal que tiveram de se retirar de cena temporariamente, enquanto a srta. A. e eu só não capitulamos por imensa força de vontade; mas teríamos sofrido menos se tivéssemos nos entregado!

Felizmente, o enjoo no mar termina tão logo se pise em terra firme, e no dia seguinte estávamos todos prontos para um passeio a Norham Castle, uma ruína de verdade.

Por toda parte cresciam as urzes, uma florzinha azul que nunca vi em outro lugar, com exceção do pomar na frente da antiga casa em Cavendish. Minha bisavó Woolner tinha levado as mudas com ela, da Inglaterra. Experimentei uma sensação estranha, um misto de dor e alegria, ao ver aquela flor crescendo ali ao redor do velho castelo escocês em ruínas, que parecia tanto pertencer a outra época e a outra ordem das coisas, outra realidade. Caminhamos de Norham até Ladykirk e depois voltamos, margeando o Tweed. Quando nos cansamos, sentamos na margem e ali ficamos sonhando, pensativos. Que lugar mais adequado poderia haver para se sonhar, do que as margens do Tweed banhadas pela claridade do crepúsculo?

No dia seguinte, fomos a Flodden Field. Foi uma decepção irracional para mim, um lugar muito pacífico, agrícola, colorido por fileiras de lavouras. Senti-me tão desgostosa como se eu tivesse algum direito de esperar ver uma batalha medieval sendo travada ali diante dos meus olhos.

Na quinta-feira à tarde, fizemos uma rápida e deliciosa excursão a Homecliffe Glen e seu velho moinho abandonado. Poderia ser o cenário de uma história de fantasmas. No meio da ravina, encontramos um agrupamento de abetos carregados de resina, os primeiros que eu via naquela viagem. Resina de abeto e a diversão de colhê-la parecem não ser muito conhecidos na Escócia. Passamos meia hora colhendo-a. Para mim e meu marido, a resina é deliciosa, mas nem o sr. M. nem a srta. A. gostaram do sabor e alegaram que era "amargo".

O Caminho Alpino

York, Inglaterra, 27 de agosto de 1912

Na última segunda-feira, fomos a Keswick e ficamos lá até quinta-feira. É impossível exagerar a beleza de Lake District:

"Do mais orgulhoso coração, o maior desejo poderia ser
Ao longo da vida, feliz aqui viver."

É um lugar profundamente entrelaçado com grande parte do que há de melhor na literatura inglesa. O próprio espírito de Wordsworth[16] parece assombrar aqueles vales encantados, as trilhas inóspitas, os lagos que parecem pertencer a fadas.

Na segunda-feira à tarde, fizemos o percurso de coche ao redor de Lake Derwentwater. Tudo muito bonito. Uma visão interessante foi o Castle Rock, que figura como o castelo mágico de St. John em "Bridal of Triermain", de Walter Scott. Há somente um ângulo do qual a semelhança com um castelo, que dizem ser impressionante, pode ser vista, e não tivemos a sorte de vê-lo dessa posição em particular.

Na terça-feira, visitamos Buttermere Lake; na quarta-feira, percorremos de carro 130 quilômetros ao redor de Lake Windermere. Algumas pedras no pico das montanhas têm um formato bastante peculiar. Uma delas tem o nome de "A Dama Tocando Órgão". Fica no topo de uma montanha majestosa e, de fato, parece exatamente, de um determinado ângulo, uma mulher sentada diante de um imenso órgão. Por alguma razão, aquela pedra cativou minha imaginação e eu comecei a fantasiar em torno dela. Quem seria a organista, sentada eternamente com seu poderoso instrumento? E que maravilhosas melodias ela tocava

---

16 William Wordsworth, um dos maiores poetas românticos ingleses dos séculos XVII-XIX.

quando o vento soprava do céu sobre ela e o temporal atingia a montanha e as estrelas grandiosas ficavam ali para escutar?

Nessa noite, fomos a pé até o "Círculo Druídico", um anel de grandes rochas no alto de uma colina e que supostamente foi, nos tempos antigos, um templo do sol.

Nada do que eu tinha visto até então me causou uma impressão tão vívida como esse lugar. É um cenário magnífico. A colina é totalmente circundada por um anel das montanhas mais famosas de Lake District, entre elas, Helvellyn e Skiddaw, resultando numa grandiosidade irresistível. Sem dúvida, aqueles antigos adoradores do sol sabiam escolher seus locais. Ficar ali, ao entardecer, no templo de uma crença do passado, rodeada por aquele conglomerado de colinas eternas, e mentalizar os ritos, provavelmente tenebrosos e sangrentos, que devem ter sido celebrados ali, foi uma experiência para nunca mais esquecer.

Na sexta-feira, viemos para York, principalmente para conhecer a magnífica catedral. Ela é magnífica, um sonho de beleza eternizado em pedra.

Ontem à tarde, tornei-me a orgulhosa e feliz proprietária de um par de cãezinhos de porcelana!

Tenho procurado cachorrinhos de porcelana por toda a Inglaterra e Escócia. Quando eu era pequena e visitava meu avô Montgomery, acho que o que mais me encantava na casa dele era um par de cães de porcelana que ficavam sentados na cornija da lareira na sala de estar. Eram brancos com pintas verdes, e papai me dizia que quando eles ouviam o relógio bater a meia-noite, eles saltavam para o tapete e latiam. Portanto, era um profundo desejo meu ficar acordada até a meia-noite para testemunhar essa cena, e eu não entendia por que os adultos não me deixavam fazer isso. Acabei descobrindo, não sei como, que os cachorrinhos não faziam nada disso. Fiquei bastante desapontada, porém mais triste ainda ao compreender que meu pai havia me dito algo que não era verdade. Mas ele restaurou minha confiança explicando que o que ele dissera era que os cachorrinhos saltavam e latiam quando *ouviam* as batidas do relógio. E é claro que cãezinhos de porcelana não ouvem.

Eu sempre quis ter um par de cachorrinhos como aqueles e, como eles haviam sido comprados em Londres, esperava, ao vir para cá, encontrar algo parecido. Com isso em mente, entrei em todas as lojas de antiguidades em todos os lugares por onde passei, mas até ontem, sem sucesso. Havia cachorrinhos de outros tipos, mas não aqueles que eu procurava. Havia com pintas pretas, com pintas vermelhas, mas nem sinal dos aristocráticos cãezinhos com pintas verdes.

Ontem, em uma lojinha de antiguidades perto da grande catedral, finalmente encontrei um par de lindos cachorrinhos e os comprei na hora. Na verdade, eles não tinham pintas verdes. Essa espécie parece estar extinta. Mas têm lindas pintas douradas e são bem maiores que os da minha infância em Park Corner. Têm mais de 100 anos de idade e espero que ocupem, com dignidade e elegância, um lugar de destaque, da mesma forma que Lares e Penates ocupavam.

Russell Hotel, Londres
18 de setembro de 1912

Foram tantas as atividades e novidades nos últimos quinze dias que estou com uma sensação de abarrotamento, de saciedade mental. Mas quando o tempo é limitado e os pontos turísticos infinitos, o que fazem os viajantes ansiosos? Museu Britânico, Torre de Londres, Abadia de Westminster, Palácio de Cristal, Castelo Kenilworth, Terra de Shakespeare, Hampton Court, Salisbury e Stonehenge, Windsor e inúmeras praças e jardins!

Nosso hotel fica na Russell Square, o cenário de tantos personagens da *Vanity Fair*. A gente quase espera ver Amelia espiando de uma janela à procura de George, ou então Becky vigiando Jos.

Nossa tarde no Kenilworth Castle foi uma delícia. Claro que tivemos de aguentar o incômodo de um guia, mas consegui me isolar mentalmente e perambulei sozinha pelos caminhos do romance. Vi Kenilworth em sua altivez, quando o ambicioso Leicester se desdobrava em atenções à arrogante Elizabeth. Imaginei a pobre Amy Robsart[17] se esgueirando humildemente pelos corredores onde deveria ter reinado como senhora absoluta. Do passado elas afluíram, aquelas figuras vivazes dos velhos tempos, vivendo, amando, odiando, tramando como antigamente.

Na última quinta-feira, fomos conhecer a Temple Church, nas terras onde Oliver Goldsmith[18] está enterrado. A igreja é uma construção antiga e exótica, situada em uma praça arborizada que, apesar do movimento ruidoso na Fleet Street logo ao lado, é tão pacífica e silenciosa quanto uma rua de Cavendish. Entretanto, quando me lembro dessa praça, não é na antiga igreja

---

17 Leicester, Elizabeth e Amy Robsart, membros da nobreza inglesa no século XVI. (N.T.)
18 Escritor e poeta irlandês do século XVIII. (N.T.)

nem no túmulo que eu penso. Não, é num encantador e gracioso gato, de modos elegantes, que saiu de uma das casas e atravessou a praça para vir ao nosso encontro. Era grande, bonito, majestoso, e qualquer um poderia dizer, num rápido olhar, que era um gato de raça[19]. Ele ronronou mais profundamente quando o acariciei e esfregou-se em minhas botas, como se fôssemos velhos conhecidos, o que possivelmente fomos em uma outra encarnação. Nove de cada dez gatos teriam insistido em nos acompanhar até o túmulo de Oliver, e provavelmente teria sido difícil de nos livrarmos deles. Mas não aquele marquês de Carabás. Ele se sentou solenemente e esperou que fôssemos até lá, víssemos o túmulo e voltássemos para onde ele estava. Então se levantou, recebeu nossos afagos de despedida, ondulou o rabo amigavelmente e caminhou com toda a serenidade de volta para a porta de onde havia saído, tendo cumprido as honras de recepção em seus domínios de maneira irrepreensível. Ele verdadeiramente oferece ao mundo toda a autoconfiança e presunção de um gato!

Embarcaremos de volta para casa na próxima quinta-feira, no *Adriatic*. Estou contente, pois estou saciada de passeios turísticos. Agora quero voltar ao Canadá e espalhar meus deuses domésticos ao meu redor para uma nova consagração.

Como meu marido era pastor de uma congregação de Ontario, tive de ir embora da Ilha do Príncipe Edward e mudar-me para Ontario. Desde o meu casamento publiquei quatro livros, *Crônicas de Avonlea*, *The Golden Road*[20], *Anne da Ilha* e *The Watchman*[21], sendo o último uma coletânea de versos.

---

19 Casta Vere de Vere. (N.T.)
20 "A Estrada Dourada". (N.T.)
21 "O Vigia". (N.T.)

O "Caminho Alpino" havia sido trilhado, depois de muitos anos de esforço e tentativas. Não foi uma escalada fácil, mas, mesmo no auge da labuta, havia uma gratificação e um entusiasmo que apenas aqueles que almejam chegar às alturas conhecem.

> "Nunca é coroado
> Com imortalidade aquele que teme seguir
> Aonde as vozes etéreas conduzem."

Verdadeiro, muito verdadeiro! Devemos seguir nossas "vozes etéreas", segui-las através do sofrimento, da amargura, do desânimo e das trevas, passando pela dúvida e a descrença, por vales da humilhação e sobre colinas convidativas onde coisas doces nos tentam a abandonar nossa busca; sempre e sempre devemos seguir, se quisermos alcançar o "distante evento divino" e de lá contemplar os pináculos imaginários da nossa Cidade da Realização.